Literatura y Derecho en el *Libro de buen amor*

Encarnación Tabares Plasencia

Literatura y Derecho
en el *Libro de buen amor*

La fábula del lobo y la raposa

colección ensayos

Sumario

Prólogo

El trabajo que ahora presentamos se originó en un breve estudio sobre las relaciones entre Derecho y Literatura, partiendo del examen de algunos textos literarios españoles, especialmente, medievales y del Siglo Oro. Con ello, pretendíamos ofrecer material literario tan interesante como antiguo a los juristas y alumnos de Historia del Derecho español.

Tras este estudio, que nunca se dio a conocer al público, nos fijamos la meta de ahondar un poco más en un fragmento concreto del *Libro de buen amor*, que siempre nos pareció extraordinariamente curioso. Nos referimos a la *Fábula del lobo y la raposa*. Estudiándolo desde un punto de vista filológico y lingüístico, queríamos ofrecer algunas aportaciones que interesaran más directamente a la Filología, disciplina a la que nos dedicamos en la actualidad, aunque también seamos juristas. Creemos que el texto elegido es especialmente interesante, porque en él se demuestran, de manera sorprendente, los conocimientos jurídicos del Arcipreste, con las posibles repercusiones para su muy poco conocida biografía y para la controvertida datación de su obra. Y, para ello, nos hemos tenido que centrar en el análisis lingüístico de los tecnicismos jurídicos empleados por el autor. Esperamos que esta humilde contribución sirva para sacar a la luz una faceta del autor del *Libro* que, hasta ahora, no ha sido tratada por los críticos con la profundidad que se merece: la de jurista.

Introducción

Como hemos señalado en el Prólogo de esta obra, hemos centrado nuestra atención en el fragmento del *Libro de buen amor*, donde se «fabla del pleito qu'el lobo e la raposa ovieron ante don Ximio, alcalde de Bugía». La fábula ocupa cincuenta y una estrofas (de la 321 a la 371, en el manuscrito de Salamanca), o sea, doscientos cuatro versos, en los que el Arcipreste nos describe un verdadero proceso judicial, extraído de las fuentes del Derecho común. Cuando empezamos a estudiar Derecho, nos asombró el dominio que mostraba el Arcipreste de la terminología jurídica; cuando supimos un poco de Derecho procesal, nos admiramos más si cabe y pensamos que no estaría de más intentar profundizar en el texto y realizar un examen detenido del mismo.

Al consultar la bibliografía adecuada, en principio, a este propósito, nos encontramos invariablemente con que las referencias a este pasaje eran, o bien marginales, o bien poco comprensivas de los muchos datos relevantes que nos ofrece el texto.[1] Los filólo-

---

[1] Como repertorios bibliográficos generales valen los siguientes: F. RICO, *Historia y crítica de la literatura española* (1980: tomo I, pp. 213-246). Además, se reproducen aquí fragmentos de dos trabajos, tan eruditos como interesantes, de los años treinta, los de F. LECOY y L. SPITZER. En el primer suplemento de esta obra (1991: pp. 177-208), se recoge, por ejemplo, un artículo de F. HERNÁNDEZ, donde se identifica a Juan Ruiz, Arcipreste de Hita, con el primero de ocho testigos en un proceso judicial entre el Arzobispo de Toledo y la «cofradía de curas» de Madrid. También, la edición de G.B. GYBBON-MONYPENNY ([1988] 1990: 83-92), ofrece una amplia bibliografía selecta. Las principales ediciones críticas del *Libro de buen amor* son las siguientes: la de G. CHIARINI (1964); la de J. COROMINAS (1967); la de J. JOSET

gos, en general, se han interesado por otros aspectos o momentos de la obra, despachando los tecnicismos jurídicos del Arcipreste como simple *parodia* de los procedimientos legales.[2] A su vez, los juristas que se han acercado a este fragmento sólo se han detenido en los elementos procesales, descuidando la «literariedad» del texto,[3] que, sin embargo, algún estudioso ha tenido en cuenta, pero sin llegar a conclusiones, a nuestro juicio, ni definitivas ni siquiera satisfactorias.[4]

Hemos intentado, pues, realizar un comentario lo más exhaustivo posible del texto, para sacar a la luz todas las implicaciones tanto filológicas como jurídicas que nuestro humilde conocimiento permita. Hemos partido del análisis lingüístico de la terminología jurídica, pero sin apartarnos del contexto en que aparece, en la idea de dar una interpretación global del pleito.[5] Con ello pre-

---

(1974); y la ya citada de G.B. GYBBON-MONYPENNY ([1988] 1990). Las tres primeras son lachmannianas y la última, bédieriana. Por último, la edición «crítica» de M. CRIADO DE VAL y de E. NAYLOR, que no es tal, sino una transcripción de los tres manuscritos, presentada de forma sinóptica, nos ha sido muy útil. Presenta, además, todos los fragmentos conocidos.

[2] Véase, por ejemplo, para limitarnos a los casos donde se trata de nuestra fábula como parodia, A.N. ZAHAREAS, (1965: esp., pp. 93-99); O. H. GREEN (1969: pp. 74-82); A. DEYERMOND (1970: pp. 53-78); K. R. SCHOLBERG (1971: pp. 168-179); C. GARIANO (1974: esp., pp. 98-107); J.L. ALBORG (1975: pp. 222-279 y, esp., pp. 270-275); J. JOSET (1988, esp., pp. 91-102).

[3] *Cf.*, entre otros, M. EIZAGA Y GONDRA (1942); L. POLAINO ORTEGA (1948); J. L. BERMEJO CABRERO (1973: pp. 409-415); H. A. KELLY (1984).

[4] Nos referimos, concretamente, a S. D. KIRBY (1978: pp. 283-287). Este autor considera que el desarrollo de esta fábula demuestra no sólo los conocimientos jurídicos del Arcipreste, sino que también es un ejercicio retórico, siguiendo el género de las *Controversiae*, cuyo ejemplo más notable y antiguo lo constituyen las *Declamationes* de Séneca el Retor.

[5] Debido a circunstancias de tiempo y de oportunidad no nos ha sido posible hacer un cotejo personal y directo de los tres manuscritos en los que se nos ha transmitido el *Libro del Arcipreste*, denominación habitual hasta finales del siglo pasado. Sólo en nuestro siglo, y siguiendo una sugerencia de MENÉNDEZ PIDAL, conocemos esta obra con el título de *Libro de buen amor*; pero, no debemos olvidar que no sabemos el título que le dio el autor y que, por tanto,

tendíamos aunar disciplinas tan relacionadas como la Lingüística, la Filología y el Derecho, que tan alejadas se van considerando actualmente.[6]

la obra nos ha llegado *anepígrafa*. Hemos optado, por ello, seguir un *textus receptus* y hemos elegido, después de cotejar las modernas ediciones del *Libro*, la versión de G. B. GYBBON-MONYPENNY, uno de los investigadores más afamados, en la edición que publicó, en 1988 (pero, aparecida en 1990), la editorial Castalia. Sin embargo, nos hemos servido también de las ediciones críticas (y los prólogos) de B. CHIARINI, J. COROMINAS y J. JOSET.

[6] Para la relación y diferencias entre Lingüística y Filología, puede acudirse, por ejemplo, a la ya antigua exposición que B. MALMBERG bosqueja en su obra *Los nuevos caminos de la Lingüística* (1970: pp. 1-3), donde leemos: «el término lingüística se aplica al estudio científico del lenguaje humano. (...) La filología se ocupa sobre todo de la interpretación de textos, si tomamos la palabra *texto* en el sentido más lato posible. (...) El filólogo trata de extraer la mayor información posible tocante a la cultura y al medio en que su texto fuera producido, así como a las circunstancias de su producción» (p. 1). La relación de Filología y Derecho es también evidente en algunos aspectos, como el de la interpretación de los textos. Nos remitimos a dos textos: el libro clásico de T. VIEHWEG, *Tópica y jurisprudencia* (1980) y una de las muchas obras de J. HABERMAS (1998) sobre Derecho e Interpretación.

Primera Parte

Antes de pasar al examen y comentario del texto, creemos que es necesario tratar, siquiera someramente, de algunas cuestiones previas que permitan situar el fragmento y la obra en unas coordenadas concretas. Nos referimos a cuestiones relacionadas con el autor, la obra y el ámbito histórico-jurídico en el que ésta se escribió. Trataremos, pues, de estas cuestiones en este orden, aunque no desconocemos que, de seguir las tendencias —más lógicas quizá, por priorizar lo más importante— de la moderna Teoría de la literatura, deberíamos haber comenzado por la obra y seguido con el autor. Haremos, sin embargo, una concesión a la tradición, que exige la secuencia: vida y obra. Como es natural, nos limitaremos a esbozar un resumen actualizado de lo más relevante dicho sobre el Arcipreste y su *Libro*.

1. El autor

Del autor del *Libro* muy poco se sabe con exactitud. Y aún menos se sabía hace pocos años. Es cierto que la obra nos proporciona algunas referencias autobiográficas, que han permitido a los estudiosos cierta aproximación a la figura del Arcipreste. No obstante, no debemos olvidar que una «autobiografía literaria» dista tanto de la realidad como la *Chanson de Roland* de los acontecimientos históricos que la motivaron. Desde la décimonovena estrofa nos encontramos con la presentación del protagonista de esta curiosa «autobiografía»:

> E porque de todo bien es comienço e rraíz
> la Virgen Santa María, por ende yo, Joan Roíz,
> açipreste de Fita, della primero fiz
> cantar de los sus gozos siete, que ansí diz ...

En la estrofa 575 (conservada sólo en el manuscrito de Salamanca) volvemos a encontrarnos con el autor:

> Yo Johan Ruiz, el sobre dicho açipreste de Hita...

Como era de esperar se han encontrado muchos clérigos de la época con este nombre. De hecho, el nombre es tan corriente, Juan Rodríguez, que Criado de Val pensaba en una «denominación genérica», del tipo de nuestro actual Pepe Pérez. Los profesores Sáez y Trenchs (1972), y el profesor Kelly (1984), creyeron haber identificado al Juan Ruiz del *Libro*, pero se encontraron con la dificultad de que ninguno de sus candidatos había sido Arcipreste de Hita, lo que restaba plausibilidad a sus hipótesis.[1] En el mismo año de 1984, F. Hernández publicó una sentencia dada, en Alcalá de Henares, por el «maestro Lorenzo», canónigo de Segovia y juez eclesiástico, resolviendo la larga disputa entre el Arzobispado de Toledo y la cofradía de los curas párrocos de la Villa de Madrid. Tal documento, fechado en 1330, viene corroborado por ocho testigos, a la cabeza de los cuales —y, por tanto, presentando la mayor relevancia— figura el venerable «Johanne Roderici archipresbitero de Fita».[2] Es la única información sobre

---

[1] *Cf.* para esta cuestión, G.B. GYBBON-MONYPENNY ([1988] 1990: pp. 7-16), donde se trata con tino y acierto este problema.

[2] Véase F. HERNÁNDEZ (1984: pp. 10-22). En la obra, ya citada, *Historia y crítica de la literatura española. Edad Media. Primer Suplemento*, pp. 193-197, se extracta este artículo de F. HERNÁNDEZ y uno posterior (1987-88: pp. 1-31), donde leemos: «la pirotécnica exhibición de erudición legal que representa el juicio de don Simio es, entre otras cosas, una réplica de Juan Ruiz contra el sambenito de ignorantes endosado a los de su gremio». Hay que tener en cuenta que el manuscrito que nos ha conservado la sentencia en la que Juan Ruiz aparece como primer testigo es una copia de la sentencia originaria, copia rea-

el Arcipreste que no nos da él mismo y, por tanto, es de una importancia excepcional, ya que, aunque nada se dice en él de su *Libro*, no parece probable que el autor utilizara como personaje ficticio de su obra a un contemporáneo suyo. Por otra parte, la extraordinaria demostración de conocimientos que hace a lo largo de la obra justifica su acceso a un cargo de cierto prestigio, cual era el de arcipreste. En efecto, a éstos, para ejercer su jurisdicción, se les exigía saber Derecho canónico y, en teoría, ser licenciado universitario, aunque, en la práctica, este requisito, en ocasiones, podía incumplirse.

Desde luego, creemos que el Arcipreste pudo cumplir, y magníficamente, sus obligaciones en Hita (arciprestazgo rural, dependiente de Guadalajara), ya que su erudición literaria y jurídica —que es la que más nos interesa, en estos momentos— apuntan a que los conocimientos de Juan Ruiz no eran los de un mero *dilettante*, sino los propios de alguien que había acudido a la Universidad y se había Licenciado en Derecho, pues sólo en ella se podía adquirir una preparación en Derecho común, como la que demuestra nuestro autor. ¿A qué Universidad acudió Juan Ruiz? No lo sabemos. No hemos podido incidir en este punto en un trabajo como éste, que constituye una primera aproximación al tema. Pero, esperamos, en un futuro, tener la ocasión de consultar los planes de estudio de la Universidad de Alcalá, por lo que se refiere al Derecho medieval, y poder así corroborar o desechar esta hipótesis. Lo cierto es que nuestro autor muestra un buen conocimiento de Toledo, Alcalá, Segovia y Burgos. Y ello debería servirnos de pista.

Se ha discutido mucho sobre la prisión del Arcipreste. Sin embargo, no tenemos certeza de que, en el momento de la composición del *Libro*, se hallase en prisión por orden del Cardenal Gil de Albornoz, arzobispo de Toledo de 1337 a 1350. Es cierto que el *Libro* empieza con una invocación a Dios en el siguiente tono:

---

lizada unos cien años más tarde. Un buen resumen del estado de la cuestión lo ofrecían V. BERTOLUCCI; C. ALVAR; S. ASPERTI (1999: pp. 290-292).

14

Señor Dios, que a los jodíos, pueblo de perdiçión,
sacaste del cabtivo, del poder de Faraón,
a Daniel sacaste del poço de Babilón,
saca a mí coitado desta mala presión.

Pero, el *topos* de la prisión, entendida a menudo como 'destierro psíquico', 'estado de pecado', está muy extendido y es muy productivo a lo largo de la Edad Media, de modo que debemos tener un cuidado exquisito en confundir una autobiografía literaria con la realidad.[3] De hecho, Juan Ruiz alude, en muchas ocasiones, a su dignidad eclesiástica (estrofas 423, 930, 946, 1318, etc.) y, a menudo, no podemos tomar sus versos por la verdad. La propia descripción física que hace Trotaconventos del Arcipreste, en las estrofas 1485-1489, para encandilar a la monja doña Garoza parece un *topos*, y no una descripción real, al decir de los críticos. En suma, poco se sabe de Juan Ruiz. Lo más probable es que naciera

---

[3] L. SPITZER (1934: pp. 237-260), del que disponemos de una versión española dentro del libro *Lingüística e Historia literaria* (1968: pp. 87-134) señala: «que se siga creyendo todavía en la realidad de la prisión del Arcipreste (...) me parece punto menos que increíble. (...) Deberíase haber prestado atención a la indicación de Appel de que la expresión «en la prisión» significa «en la prisión terrena» (por contraposición al «cielo») y que la noticia del final del códice de Salamanca corre a cuenta del copista» (pp. 113-115). Por otra parte, J. WALSH, en un trabajo serio y erudito (1979-80: pp. 62-86), compara la invocación inicial del libro con la estrofa 106 del *Poema de Fernán González*, donde, a modo de plegaria antes de la batalla, leemos:

Sennor, tú que libreste a Davyt del león,
matest al Filisteo un sobervio barón,
quitest a los jodíos del rrey de Babilón,
saca nos e libra nos de tan cruel pressyón.

Por último, el *topos* de la prisión como 'pecado' está muy bien estudiado, ya desde la primera literatura cristiana que glosa el Salmo 136, *Super flumina Babylonis*, y especialmente en la época carolingia, por P. GODMAN (1995: tomo III, pp. 339-373) (para lo que nos interesa, donde se habla de y se desmiente la supuesta «prisión» de Godescalco, en su muy conocido *Ut quid iubes, pusiole*, pp. 366-371).

a fines del siglo XIII y que compusiera su obra en torno a los años cuarenta del siglo XIV. A partir de 1351 otro clérigo es el titular del Arciprestazgo de Hita.

Con respecto a su formación intelectual, ésta se evidencia desde el principio de la obra: el prólogo, en prosa, con su treintena de citas latinas no deja lugar a dudas. Lo que da la medida de la preparación del autor no es sólo el conocimiento de textos latinos más o menos breves, que pudieran derivar de centones o antologías, sino el tipo de ideas expresadas y las estrategias retóricas empleadas en la *dispositio*. Desde los estudios de F. Lecoy[4] (1938), nadie duda de las abundantes lecturas, no sólo latinas, sino vulgares, del Arcipreste y de sus amplios conocimientos de Derecho. De su dominio de la tradición literaria, sólo apuntaremos unas breves notas, puesto que el estudio de las fuentes literarias del *Libro* ha ocupado a numerosos autores desde F. Lecoy, cosa que no extraña, debido a la complejidad estructural de la obra. Así, Juan Ruiz, para apoyar sus argumentos, recurre frecuentemente, a citas de la Biblia (principalmente, del *Antiguo Testamento*: *Salmos*, el *Libro de Job*, el *Libro de Daniel* y el *Apocalipsis*), de autores cristianos[5] (Santiago, San Pablo, San Gregorio) y de escritores paganos reconocidos como autoridades por la Iglesia (Aristóteles, Platón, Ptolomeo, Hipócrates, los *Disticha Catonis*, traducido en la época como los *Castigos de Catón*, etc.). Como vemos, algo muy alejado de la imagen de poeta ajuglarado o, incluso, juglar cazurro que ha defendido Menéndez Pidal.[6]

El autor se imbrica inextricablemente con la estructura del *Libro de buen amor*, estructura tan peculiar que ha sido culpable de

---

[4] Actualmente disponemos de una reimpresión fotográfica con prólogo de A. DEYERMOND (1974). Véase esp. el cap. I, que, a pesar de sus años y de que ha sido precisado por estudios posteriores, supone la inauguración de un examen riguroso de las fuentes de nuestro *Libro* y, en este sentido, sigue siendo imprescindible.

[5] Y a no todos los cita explícitamente; por ejemplo, a San Agustín no lo cita directamente, pero su pensamiento está presente en el *Libro*: los conceptos de *entendimiento, memoria y voluntad* y de *buen amor*, que aparecen en el prólogo, son indudablemente agustinianos. *Cf.* E. M. GERLI (1981-82: pp. 500-508).

[6] *Cf.* R. MENÉNDEZ PIDAL (1991: pp. 268-283, esp., p. 270).

su relativo olvido en el Barroco y Neoclasicismo, al tiempo que garante de su unánime reconocimiento actual, donde se ha resaltado ante todo la ambigüedad como característica definidora de la obra. Menéndez y Pelayo la definió como una novela picaresca de forma autobiográfica, en la que se insertan treintaidós fábulas, digresiones morales, ascéticas y satíricas, una glosa del *Ars Amandi* de Ovidio y otra del *Pamphilus*, episodios alegóricos y composiciones líricas. La «novela central» que sirve de soporte a todo el *Libro* ofrece ya una amplia gama de posibilidades de lectura debido a la aparición de la primera persona: el narrador-autor irrumpe en la obra literaturizando su vida. Pero el *yo* que garantiza la unidad de la obra esconde personajes diversos: el Juan Ruiz real, el Arcipreste de Hita literario que narra su vida, don Melón de la Huerta, los personajes que hablan en primera persona en los diálogos y, en fin, el libro mismo que nos habla en la estrofa 70. Esta complejidad estructural del *Libro* no es, sin embargo, el resultado de una tradición textual accidentada: las referencias y los reenvíos en el interior del *Libro* manifiestan la voluntad compositiva del autor. Y el prólogo confirma propósitos múltiples: de él se deduce que la obra se compone de un tratado amoroso, con intención didáctica,[7] y de un cancionero enmarcado en una estructura narrativa de tipo biográfico. Por ello se ha relacionado últimamente al *Libro* con autobiografías literarias, del tipo de la *Vida Nueva* de Dante o el *Dicho verdadero* de Machaut, considerándolo como ejemplo de una tendencia de la literatura románica de finales del XIII y principios del XIV.[8] Esto ha sucedido cuando se han asentado

---

[7]   A nuestro juicio, la intención didáctica se deduce, sobre todo, de la lógica, de la razón, con que está expuesta toda la obra. Como clave interpretativa nos parece fundamental la «actitud confirmativa» del receptor u oyente. En realidad, a todo lo que dice el Arcipreste tenemos que decir que sí; recordemos, por ejemplo, el episodio de las leyes que los romanos pidieron a los griegos (basado, al parecer, en una glosa de Accursio) o el de Pitas Payas (con concomitancias con otros *fabliaux*). *Cf.* al respecto, aunque no directamente relacionado con ello, GYBBON-MONYPENNY (1961: pp. 13-24).

[8]   En *Historia y crítica de la literatura española*, ya citada, en su *Primer suplemento*, p. 179, A. DEYERMOND nos informa de que P. DRONKE ha

17

entre los estudiosos las ideas de Curtius y Auerbach sobre la dependencia de la literatura europea de la Edad media latina. Antes, siguiendo una tendencia de época romántica, se lo relacionaba con las literaturas árabe y hebrea (en concreto, con el género de las *maqamat* y con las figuras de Ibn Hazm y Yosef ben Me'ir ibn Sabarra).[9]

Al tratar del autor, habría que aludir al carácter «autobiográfico» del *Libro*. De esta autobiografía literaria, sin embargo, se han señalado influencias concretas, que muestran las diversas lecturas del Arcipreste. Ahora bien, un elemento fundamental es que el tratamiento del amor se acerca bastante al de la literatura ovidiana, desarrollada en la Edad Media, en los diversos *Ovide moralisé*, uno de cuyos exponentes más conocidos fue la comedia elegíaca *Pamphilus*.[10] Igualmente, podrían encontrarse ecos del *roman* francés de los siglos XIII y XIV (*Roman de la Rose*, *Roman du Chastelain de Couci*). La inserción de fábulas y anécdotas de corte moralizante nos acerca, por un lado, a la tradición clásica (Esopo y su continuador romano, Fedro) y, por otro, a la cuentística oriental, en concreto al *Panchatantra*, traducido a partir de una versión árabe a mediados del siglo XIII: nuestro *Calila e Dimna*.

---

comparado la estructura del *Libro* con otras tres obras latinas y una cuarta anglonormanda.

[9]   Sería laborioso citar la ingente bibliografía sobre las fuentes del *Libro*. Remitimos, en todo caso, a la citada edición de GYBBON-MONYPENNY ([1988]: 1990), que hemos tomado por nuestro *textus receptus*. En ella se cita una amplia colección de títulos en las pp. 87-89. Últimamente se ha vuelto a insistir en la influencia del *amor cortés*, parodiado, por ejemplo, en las *serranillas*, que tanto recuerdan a las *pastourelles*.

[10]

> *Si leyeres Ovidio, el que fue mi criado,*
> *en él fallarás fablas que lo ove yo mostrado:*
> *muchas buenas maneras para enamorado;*
> *Pánfilo e Nasón yo los ove castigado.* (est. 429)

Además de estas influencias claras, se han señalado desde hace tiempo otras obras que se han tenido en cuenta en el *Libro*, como, por ejemplo, el *De Vetula*.

Por otra parte, los conocimientos jurídicos del Arcipreste no desmerecen, en absoluto, de los literarios. Aparte de la fábula, objeto de nuestro comentario, en la obra se hacen frecuentes alusiones al Derecho. Para no referirnos más que a algunas, además del texto que nos ocupa y de la llamada «parodia de las horas canónicas», que sigue casi inmediatamente a nuestro texto, citaremos los casos siguientes: a) en las estrofas 46-63 se relata, en tono burlesco, cómo reciben los romanos las leyes de manos de los griegos,[11] motivo que podría recordar al episodio de la famosa embajada romana, enviada a Atenas, recogido en las narraciones de Tito Livio, Dionisio de Halicarnaso, Pomponio y Accursio, acerca del origen de la *Ley de las XII Tablas*; b) en la estrofa 142 justifica la potestad normativa del rey, idea muy acorde con el Derecho común y los monarcas castellanos; c) nos ofrece una explicación acerca de uno de los institutos más importantes del Derecho canónico, la dispensa papal, en las estrofas 145-147; d) más adelante, hace mención de algunos monumentos del Derecho común, como el *Decreto* de Graciano (estrofa 1.136), *opus magnum* que constituyó la base sobre la que se apoyó el edificio del Derecho canónico. Su finalidad fue concordar los cánones discordantes que se hallaban diseminados en las más importantes colecciones canónicas del primer milenio (la *Colección hispana*, atribuida a Isidoro de Sevilla, la *Dionisiana*, de Dionisio el Exiguo, la *Adriana*, enviada por el papa Adriano I a Carlomagno, el *Decreto* de Burcardo de Worms, etc.). Aparte de ello, contenía los desarrollos doctrinales del autor, los *Dicta Gratiani,* en los que centraron su atención los juristas posteriores, puesto que esta colección, a pesar de ser de carácter privado, no oficial, relegó al olvido a todas las precedentes; e) en la estrofa 1.152, se menciona a Enrique de Susa (el Ostiense), que se encontraba entre los miembros más relevantes de la escuela de los glosadores cononistas del siglo XIII junto con Sinibaldo de Fieschi (Inocencio IV) al que también se cita en la estrofa 1.152c. Estos autores se aplicaron al estudio de las *Decretales* del

---

[11] Desde luego, el episodio tiene un sentido más profundo, relacionado con la teoría agustiniana acerca de la ambigüedad de los signos. Véase GYBBON-MONYPENNY ([1988]1990: pp. 32-33 y 118).

papa Gregorio IX y escribieron las denominadas *Summae*. Estos compendios constituían uno de los géneros propios de las *glossae*, género que se caracterizaba por ser una exposición sistemática de un texto legal en su conjunto, o de una colección, o de un título en concreto. Así, introdujeron en la ciencia canónica elementos e instituciones propias del Derecho romano-justinianeo; f) de distinto signo son el *Rosarium Decreti*, de Guido de Baisio, citado en la estrofa 1152d, y la *Novella in Decretales Gregorii IX*, de Juan Andrés.[12] Ambas obras son ya del siglo XIV y deben encuadrarse, no ya dentro de la Escuela de los Glosadores, sino de los Comentadores.

Más importancia tiene, a nuestro juicio, la alusión, en la estrofa 1152a, a una obra fundamental, el *Speculum iudiciale*, de Guillermo Durante o Durando (autor de la segunda mitad del siglo XIII), que fue considerada un auténtico *capolavoro* del Derecho común procesal, a pesar de no ser más que una recopilación. Como veremos al tratar de las fuentes del *Libro de buen amor*, su terminología jurídica (no la estructura del proceso) parece más deudora del *Speculum* que de las *Partidas*.

---

[12]   Ha sido H. A. KELLY (1984: pp. 23 y ss.) quien ha identificado esta *Novela* de la estrofa 1152d con la *Novella in Decretales Gregorii IX*, que fue acabada en Bolonia en 1338. Esto lo lleva a afirmar que la fecha de composición del *Libro de buen amor* que nos refleja el manuscrito de Toledo, la de 1330, es obviamente imposible. Asimismo, piensa que la datación de 1343, ofrecida por el manuscrito de Salamanca, también es improbable, porque dejaría muy poco margen de tiempo para la difusión de la obra de Juan Andrés. Por ello sitúa la composición de la obra después de 1343 y poco antes de 1389, fecha del manuscrito de Gayoso. Encontramos un poco aventurada la afirmación de KELLY, ya que parece un poco forzado identificar la *Novela* de la estrofa 1152d con la obra de Juan Andrés, ya que *novella* era término genérico y muy usual. Además, la *Novella* de Juan Andrés era conocida antes de su publicación final en 1338, pues el propio KELLY señala que, antes de la publicación, circulaban varias secciones de esta obra.

2.   *La obra*

El *Libro de buen amor*, llamado así a propuesta de Menéndez Pidal, pero conocido, antonomásticamente, como *Libro del Arcipreste*, primero, y *Libro de los Cantares*, hasta principios del XX, se ha conservado en tres grandes manuscritos y en varios fragmentos (uno de ellos en traducción portuguesa, poco más de un folio, conservado en Oporto). Estos tres códices principales son conocidos con las siglas de T (el que proviene del Archivo de la Catedral de Toledo y que presenta la datación más antigua), S (considerado el *codex optimus* y perteneciente a la Universidad de Salamanca) y G (el más tardío e incompleto, con una inicial que responde al apellido de su primer propietario, Benito Martínez Gayoso). Los fragmentos proceden casi siempre de citas indirectas de otros escritores, como el Arcipreste de Talavera o Lope García de Salazar y también más tardíos. Un trozo del *Libro* lo encontramos copiado en un manuscrito de la *Estoria de España*, otro constituye una apostilla marginal a un texto del siglo XV. Por último, tenemos la traducción portuguesa.[13]

Se trata de un extenso poema de 1709 estrofas, en el manuscrito S, el más completo, de carácter misceláneo, como quedó dicho *supra*. La datación del poema nos presenta ya el primer gran problema: en la propia obra aparece la fecha en la estrofa 1634. Pero, desgraciadamente, los manuscritos T y S no concuerdan. En el primero, leemos:

> Era de mill e tresyentos e sesenta e ocho años
> fue acabado este libro por muchos males e daños

Mientras que el manuscrito salmantino adelanta la fecha en trece años:

> Era de mill e trezientos e ochenta e un años
> fue conpuesto el rromançe por muchos males e daños,

---

[13]   Véase V. BERTOLUCCI; C. ALVAR; S. ASPERTI (1999: pp. 289 y ss). También J. L. ALBORG (1975: pp. 245 y ss).

Por supuesto, en un trabajo como el que ahora presentamos, no parece oportuno el replanteamiento de problemas de crítica textual, bastante complejos y ya tratados por mejores cabezas. Por otra parte, no nos consideramos en condiciones de discutir las sesudas conclusiones de Chiarini, Corominas y Joset, en sus ediciones críticas del *Libro de buen amor*, y de Alberto Blecua, tanto en su edición (no crítica), como en diversos artículos y en su *Manual de crítica textual*[14] (donde la mayoría de los ejemplos se refieren al *Libro*), quienes han rechazado la idea de una doble redacción, defendida por Menéndez Pidal, Corominas y otros estudiosos. Esta doble redacción, que intentaba explicar la divergencia en las fechas de los manuscritos T y S, la considera, por ejemplo, Blecua muy improbable, ya que el análisis textual y codicológico indica que el manuscrito S no supone una versión ampliada, sino que los otros dos manuscritos presentan supresiones, a cargo de los copistas, de parte del texto. Se considera, pues, en general, que las variantes se deben, sobre todo, a la labor de los copistas y que los manuscritos T y G derivan de un mismo subarquetipo, mientras que S representaría otra rama de la tradición, con un *stemma codicum* como el siguiente, donde las letras griegas representan el arquetipo (original) y los subarquetipos perdidos y las iniciales latinas los manuscritos conservados, agrupados en dos familias (este esquema es el usual en los «árboles lachmanianos»):

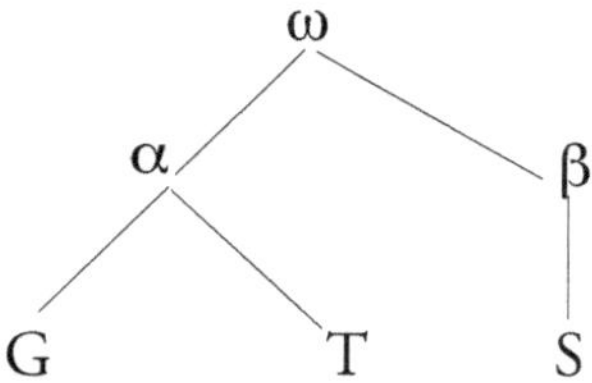

---

[14] Este libro, publicado en 1983, es una buena introducción y cubre un vacío histórico en nuestras Facultades de Filología, donde, especialmente en Hispánicas, la Crítica textual es una disciplina tradicionalmente descuidada. Y no creemos necesario insistir en la importancia de la Crítica textual para obras

Repetimos que aquí no podemos entrar en cuestiones de tanta importancia y profundidad como las relaciones entre los manuscritos o, incluso, la literatura oral que supone el Medievo y que tan alejada está de nuestros actuales paradigmas literarios.[15] Pero no no nos parece mal, sino todo lo contrario, la postura de Gybbon-Monypenny, cuyo texto seguimos. Frente a las ediciones de Chiarini, Corominas y Joset y las propuestas de Blecua (a cuyo *Manual* remitimos como introducción a la Crítica textual), que siguen el método neolachmaniano, Gybbon opta por el método más «realista» de Joseph Bédier. Karl Lachmann, el fundador de la moderna Crítica textual, seguía, en sus reconstrucciones de Homero, Lucrecio o el *Nibelungenlied*, las lecciones apoyadas por el mayor número de manuscritos. Bédier, en cambio, obedeciendo a su máxima de *voir et toucher*, prefería partir de un manuscrito concreto y, luego, hacer las mínimas correcciones, cuando el *codex optimus* se hallara manifiestamente corrupto y los otros códices tuvieran lecciones mejores. Así, por lo menos, se partía de un texto real, no de una creación del filólogo que editaba el texto. Por ello, sin insistir más que en la presentación del grave problema textual

anteriores a la difusión de la imprenta. Hemos dicho difusión, porque ésta no tuvo un efecto real antes del siglo XVII, siglo y medio después de su invención. Nos remitimos a ella para el *stemma codicum* y demás cuestiones textuales de nuestro *Libro*. Aprovecho para mostrar mi agradecimiento y recordar al Dr. A. GIORDANO (fallecido, desgraciadamente, en abril de 2001). Sus explicaciones, *dulces et utiles*, de Crítica textual, nos alumbraron el camino para realizar esta indagación sobre el *Libro*. Véase de este estudioso (1989) un interesante artículo en el que se trata de Brunetto Latini, un posible punto de tangencia entre Dante y el Arcipreste, pues estuvo en la corte de Alfonso X como embajador de Florencia.

[15] Remitimos para toda esta interesantísima cuestión a P. ZUMTHOR (1972). En traducción española, del mismo autor disponemos, por ejemplo, de *La letra y la voz de la «literatura» medieval* (1989); pero la traducción de Julián Presa es muy defectuosa y desmejora mucho el original (para poner un ejemplo del que nos acordamos ahora, traduce el fr. *roman* por el esp. *romance*). A partir de ZUMTHOR, se han aplicado a la literatura medieval las ideas sobre *oralidad* que defendieron y difundieron, en su momento, MURKO y PARRY, en sus estudios sobre épica oral, y MACLUHAN, el autor del *best seller* titulado *Gutenberg Galaxy*.

que ofrece el *Libro de buen amor*, trataremos también como sobre ascuas de otros aspectos fundamentales que no podemos sino bosquejar, como la métrica, el contenido o los niveles de significación de la obra.

El *Libro de buen amor* consta de 1709 estrofas, en su mayoría tetrástrofos monorrimos, la cuaderna vía característica del mester de clerecía y, antes, de la poesía goliárdica latina, aunque también hay otros metros. Corominas, por ejemplo, ha mostrado que existe una relación entre momentos narrativos y momentos líricos y los distintos tipos de metro: recordemos, por ejemplo, las *serranillas*. Además, dentro de los tetrástrofos monorrimos, los encontramos de 14 y de 16 sílabas, al parecer con diferencias que responden a una intención determinada del Arcipreste.

El contenido se distingue por la riqueza de los temas que toca el Arcipreste. En muchas ocasiones, resulta difícil seguir el hilo narrativo por la cantidad de *excursus*, digresiones, *exempla*, símiles y recursos retóricos de todo tipo (especialmente, la *amplificatio*) que complican la lógica de la narración. Siguiendo a la mayoría de los estudiosos, puede decirse que la obra se estructura en torno a las vicisitudes del protagonista en su búsqueda del «buen amor», como el mismo autor confiesa en la estrofa 71, que ha originado múltiples comentarios:[16]

> Como dize Aristótiles, cosa es verdadera
> el mundo por dos cosas trabaja: la primera
> por aver mantenençia; la otra cosa
> por aver juntamiento con fembra placentera.

La obra comienza con la oración que transcribimos *supra*, a la que sigue un prólogo donde se mezclan prosa y verso. Continúan unos gozos a la Virgen y se inserta el primer ejemplo, el de los griegos y romanos. Luego viene la estrofa que acabamos de reproducir, en la que se defiende el naturalismo amoroso, partiendo —al parecer— de una libre adaptación del libro II del *De anima*

---

[16] *Cf.* F. RICO (1986: pp. 271-297).

aristotélico (probablemente, a partir de los comentarios de Averroes). Como conclusión, aparece el primer episodio amoroso del Arcipreste. La segunda aventura, la de Cruz cruzada, panadera, termina con que el mensajero le roba la amada al protagonista. La astrología está representada por el episodio del hijo del rey Alcaraz. Sigue un nuevo fracaso amoroso e, inmediatamente, la disputa con don Amor, basada en la tradición alegórica del *somnium* medieval[17] y construida sobre el esquema de las *disputationes*. Increpa el Arcipreste a Don Amor, disgustado por sus fracasos, acusándolo de ser el causante de muchos males, y, justamente aquí, aparece nuestro texto, dentro del tratamiento de los pecados capitales y, concretamente, de la *açidia*, que corresponde aproximadamente —aunque con muchas matizaciones, como veremos— a la actual *pereza*; el texto se remata con la parodia de las horas canónicas, bien estudiada por Otis H. Green. Estos pecados capitales vienen ilustrados por numerosos *exempla*, entre ellos está la fábula que nos ocupa. Se defiende don Amor (aconseja cómo haber dueña garrida y cuenta otros *exempla*, como el episodio de Pitas Payas, que acaba con el tan conocido elogio del dinero) y también interviene doña Venus, instruyendo al protagonista. Sucede, luego, la parte en que intervienen don Melón (trasunto del *yo* narrativo) y doña Endrina. A continuación encontramos las serranillas y la batalla entre don Carnal y doña Cuaresma. Los episodios de la monja doña Garoza y de la mora, de diverso signo, preceden a las maldiciones a la Muerte y al famoso epitafio por el fallecimiento de Trotaconventos (el *planctus* del poema). Desde aquí hasta el final se acumulan una serie de estrofas poco ligadas temáticamente: una alegoría de los pecados y las virtudes; el elogio de las propiedades de las dueñas chicas; gozos de la Virgen; la Cántica de los clérigos de Talavera (que parece reelaborar la *Consultatio*

---

[17]   La tradición alegórica del *somnium* medieval tiene una gran importancia. Los principales tratados son los de Calcidio y Macrobio, con su clasificación de los sueños, que remonta a modelos griegos más antiguos. Los sueños están presentes, desde Homero, en la literatura occidental. A menudo, se ponen en relación con el Más Allá: no en vano el Sueño es hermano de la Muerte. La *Divina Comedia* resulta ilustrativa también a este respecto. Una obra interesante que nos ilustra de todo ello es la debida a C. AMAT (1994).

Sacerdotum, atribuida a Walter Map). El *Libro* termina con dos romances de ciego.

3. *El ambiente jurídico-cultural de la época del Arcipreste*

Se ha señalado como la fecha más probable de terminación del *Libro* el año 1343,[18] es decir, durante el reinado de Alfonso XI en Castilla, del arzobispado de Gil Albornoz en Toledo y cinco años antes de la promulgación del *Ordenamiento de Alcalá*, en 1348, donde se establece el orden de prelación de fuentes del Derecho castellano[19] y se reconoce el Derecho común contenido en las *Partidas* como supletorio, en defecto del Derecho real y los Fueros municipales. Este dato es de gran importancia, porque las *Partidas* constituyen una de las fuentes de nuestro proceso. No obstante, debe precisarse que, en este caso, no coinciden aplicación y vigencia, pues a pesar de que estas leyes de Alfonso X no cobran vigencia hasta esa fecha, lo cierto es que ya con anterioridad fueron aplicadas por los tribunales.[20] Esto se debió al enorme prestigio que habían adquirido las *Partidas* desde que se dieron a conocer. El *Libro de las Siete Partidas* fue terminado entre 1263 y 1265.[21] Esta obra, cuyo título original, según aparece en algu-

---

[18] Como quedó de manifiesto *supra*, la fecha de composición de la obra es una cuestión problemática, debido a la discrepancia de trece años entre los manuscritos T y S. En general, se tiende hoy a aceptar la segunda fecha de datación del *Libro*.

[19] Véase el *Ordenamiento de Alcalá* ([1774]: 1983) donde leemos, en la primera ley del título XVIII: *por las quales leyes deste nuestro libro mandamos que se libren primeramente todos los pleitos civiles y criminales; e los pleitos que non se podieren librar (por las leyes deste nuestro libro e por los dichos fueros) mandamos que se libren por las leyes contenidas en las Siete Partidas.*

[20] *Cf.* F. TOMÁS Y VALIENTE (1990: p. 242), donde, en relación esta circunstancia, se menciona la protesta de las Cortes de Segovia, en 1347, ante el empleo, en la práctica judicial, de las *Partidas*, Derecho que no estaba en vigor y que se consideraba contrario al Derecho tradicional castellano, contenido en los *Fueros*.

[21] No obstante, GARCÍA GALLO, a principios de los años cincuenta, propuso una tesis contraria a esta datación y a la autoría del Rey Sabio. Para él, las

nos manuscritos, era *Libro de las Leyes*, constituyó la cumbre del quehacer jurídico del Rey Sabio y su influencia se mantuvo durante largos siglos en el Derecho español.[22] Sin embargo, lo que en ellas se contenía era Derecho común.[23] Por Derecho común se entiende el producto de la integración de tres sistemas jurídicos distintos: el Derecho romano, el Derecho de la Iglesia o Derecho canónico (basado, en gran parte, en el Derecho romano) y, aunque en mucha menor medida, el Derecho feudal (de ascendencia germánica, si bien también con influencias del Derecho Romano). Esta fusión fue cristalizando a partir de la segunda mitad del siglo XI, en Italia, cuando se volvió a sacar a la luz manuscritos olvidados que contenían lo que se conservaba de la gran compilación jurídica justinianea, conocida desde el Renacimiento con el nombre de *Corpus iuris civilis*. Justiniano (527-565) mandó reunir, en Bizancio y en los años treinta del siglo VI, las leyes y opiniones de jurisconsultos del antiguo Derecho romano. Esta compilación se hallaba integrada por las *Institutiones* (especie de *Manual* sencillo, destinado a la enseñanza del Derecho), el *Codex* (conjunto de las constituciones o leyes imperiales promulgadas desde Adriano hasta Teodosio), las *Novellae* (constituciones posteriores hasta llegar a la época de Justiniano) y, quizás la obra más conocida, el *Digestum* (la magna colección de jurisprudencia clási-

---

Partidas eran obra de un grupo de juristas anónimos de finales del siglo XIII y principios del XIV. Esta tesis fue muy criticada, lo cual obligó a su autor a revisarla veinticinco años después, si bien siguió manteniendo que las *Partidas* eran posteriores a la muerte de Alfonso X. Los dos trabajos del profesor GARCÍA GALLO a que hemos aludido se titulan respectivamente «El *Libro de las Leyes* de Alfonso el Sabio: del *Espéculo* a las *Partidas*» (1951: pp. 345-451) y «Nuevas observaciones sobre la obra legislativa de Alfonso X» (1976: pp. 609-670).

[22]   Recordemos tan sólo que las *Partidas* estuvieron vigentes en España hasta bien entrado el siglo XIX y dejaron sentir su huella en la labor codificadora de la que nacieron nuestros modernos «libros de leyes»: *Código civil, Código penal, Código de Comercio, Ley de enjuiciamiento civil, Ley de enjuiciamiento criminal*. Y no sólo estuvieron vigentes en España, sino en todo su Imperio. Durante los siglos XIX y XX se aplicaron en los territorios de los EE.UU que habían formado parte de España.

[23]   La evolución del Derecho, desde la época romana hasta la actual, es objeto de varias asignaturas en esta carrera. Aquí debemos contentarnos con trazar un

ca). Esta sistematización nos recuerda a otra también importante, sobre todo para los filólogos, que fue la que llevó a cabo Prisciano en el mismo ambiente.

La obra de Justiniano corrió, en el Occidente medieval, la misma suerte que el Humanismo griego y cayó en olvido hasta el siglo XI,[24] por diversos motivos. Entre éstos cabe destacar el hecho de que, durante esos siglos, Europa se ruralizó y que el Derecho no se consideraba una disciplina separada del resto de los saberes, sino que se estudiaba, en las escuelas y dentro de las denominadas «artes liberales», como una parte más de la retórica. Evidentemente, un Derecho escrito, culto y propio de una sociedad urbana no podía encajar en una sociedad campesina, donde la costumbre se impuso como medio de solución normal de los conflictos jurídicos.

Pero la situación siempre fue, en cierta medida, diferente en Italia, donde el mundo romano antiguo nunca dejó de estar presente y, precisamente allí, se redescubrieron manuscritos del *Código* y del *Digesto* y un ejemplar de las *Novelas*. La moderna *École des Annales* ha puesto de manifiesto la importancia de este siglo XI en la consolidación de la moderna Europa. En torno al Año Mil cristalizaría en Europa una serie de condiciones que acabarían por liquidar el mundo antiguo y prefigurarían el moderno. El Imperio, el Papado, las florecientes ciudades del Norte de Italia tenían necesidad de un corpus jurídico que apoyara sus pretensiones. De ahí que el redescubierto Derecho justinianeo obtuviera un gran impulso y se estimulara —sobre todo en un primer momento, en Italia— la enseñanza independiente del Derecho. Así, la Escuela de Artes de Bolonia, la primera universidad europea, se transfor-

---

panorama muy superficial de esta historia. Un manual muy recomendable es la obra citada del profesor TOMÁS Y VALIENTE, trágicamente asesinado por ETA. Los filólogos leerán con agrado, sin embargo, el ameno artículo de P. NARDI, (1999: tomo III, pp. 511-540).

[24] Está claro que debemos exceptuar los enclaves occidentales que pertenecieron a los bizantinos y donde la compilación justinianea se aplicó. Así ocurrió, en efecto, en el Sureste peninsular (del 554 al 629) y en los Exarcados de Rávena (del 539 al 752) y de Sicilia (535-878).

mó pronto en un centro de estudios importantísimo en el continente, adonde acudían estudiantes de Derecho de muy distinta procedencia. Un hito fundamental lo constituyó la *Escuela de los glosadores,*[25] cuyos iniciadores fueron el monje Irnerio, maestro de artes liberales en Bolonia entre 1055 y 1125, y sus discípulos (Jacobo, Búlgaro, Martino y Hugo). La labor de Irnerio secundaba el plan de la Iglesia de regir toda la *Respublica christiana.* Y, para ello, había que dotarla de un solo Derecho y éste no podía ser otro que el Derecho Romano. No hacía falta crear instituciones nuevas, sino adaptar las antiguas a la realidad de la Iglesia. De esta manera, el Derecho canónico, que constaba hasta entonces sólo de las reglas emanadas de los Padres y de los Concilios y Sínodos, experimentó también, a finales del siglo XI, una renovación, en la medida que se acomodó lo más posible al Derecho romano. Esta renovación se plasmó, en el siglo XII, en el llamado *Decreto,* obra del monje camaldulense Graciano, profesor de Teología —y no es casualidad— en el estudio universitario de Bolonia. Un siglo después, seguía esta adaptación del Derecho canónico al romano con las recopilaciones de *Decretales.*[26] De éstas las más relevantes fueron las *Decretales de Gregorio IX,* encargadas a Raimundo de Peñafort y promulgadas por el propio Gregorio IX en 1234, y las *Decretales de Bonifacio VIII,* quien ordenó la recopilación de las decretales posteriores a 1234 (y que llegaban hasta 1298), también llamadas *Liber Sextus,* porque suponían la continuación de los cinco libros de que constaban las *Decretales de Gregorio IX.* Ya en el siglo XIV apareció otra colección de decretales posteriores a

---

[25]   Por lo que respecta al fenómeno general de la *glosa,* pero también al particular de la glosa literaria y jurídica, resulta iluminadora la contribución de L. HOLTZ (1999: tomo III, pp. 59-111 y, esp., para el Derecho, pp. 83-86).

[26]   Las *decretales* eran las contestaciones, a modo de dictámenes jurídicos, que emitía el Papa con respecto a consultas particulares que se le elevaban. Como el Papa era la máxima autoridad eclesiástica, estas respuestas «sentaban precedente» y tenían fuerza para resolver no sólo ese caso particular, sino todos aquellos que se plantearan en el futuro y que mantuvieran *identidad de razón* con el primero. Suponían, pues, un tipo de *jurisprudencia vinculante* y eran *fuente de Derecho canónico.*

1298, que se conoce con el nombre de *Clementinas*, en honor de su «autor», Clemente V. Así, todo este corpus, unido a su inevitable exégesis jurídica,[27] fue denominado por la crítica posterior Derecho canónico clásico y, junto con el Derecho justinianeo y las interpretaciones que ofrecieron los glosadores y comentaristas, constituyó la mayor parte del Derecho común. Sin embargo, resta al menos mencionar un tercer componente de este Derecho común, el Derecho feudal, de procedencia germánica y ajeno, en general, a la tradición romanista. Su presentación y difusión al lado de ciertas fuentes del Derecho romano, se hizo necesaria, porque era un Derecho vigente que regulaba, por ejemplo, un aspecto de la vida medieval tan importante como eran las relaciones jurídicas entre los señores feudales y sus vasallos, las ordalías, la llamada «tregua de Dios», etc. Constaba, muy resumidamente, de un conjunto de costumbres y resoluciones judiciales relativas a esta materia.

4. *Breve nota sobre el* Libro de las Partidas

Tras haber resumido muy brevemente la evolución del Derecho hasta la constitución de las *Partidas*, debemos incidir en qué se proponía Alfonso X cuando ordenó su redacción. Su propósito era el mismo que el de su padre, Fernando III, una vez que logró, en 1230, la unión definitiva de Castilla y León: la superación del localismo jurídico. Antes de esto, en cada pueblo, señorío, condado o ciudad, que formaban parte del territorio de la Corona, se aplicaba su *fuero* específico, surgido, normalmente, de las *cartas de repoblación* o *cartas-puebla*.[28] Fernando III, como ocurre siem-

---

[27] ¿Hace falta recordar a lingüistas que un texto, sobre todo si es religioso, jurídico o literario, crea un número infinito de textos derivados? R. TRUJILLO (1996) lo ha expresado claramente. También G. STEINER ([1991]1998) ya se había ocupado de la misma idea, especialmente en el primer capítulo de los tres de que consta la obra, pp. 11-68.

[28] Estas *cartas-puebla* constituyeron el primer escalón dentro de las fuentes de los Derechos locales, ya que estaban relacionadas con pequeños núcleos agrarios carentes de toda organización municipal. Eran documentos otorgados por

pre que se pretende regir un gran Imperio, pretendió superar esta atomización del Derecho mediante la creación de un Derecho real uniforme y aplicable a todo el territorio de la Corona. Un primer intento de Fernando III llevó a la promulgación del *Fuero Juzgo*.[29] Su hijo Alfonso X se estrenó con dos obras jurídicas, antes de las *Partidas*, a saber, el *Fuero real* y el *Espéculo*, intentando imponer el Derecho real, pero no lo consiguió. La resistencia de las Cortes de Castilla y de los Concejos municipales se hizo sentir pronto: ambas instituciones no estaban dispuestas a que se las privara de los privilegios que se contenían en su Derecho tradicional, en sus fueros. El *Fuero real* y el *Espéculo* suponían la penetración y puesta en práctica del Derecho común en Castilla. Ambas obras preconizaban la existencia de un poder fuerte y único, encarnado en la figura del rey o del emperador, en la esfera humana, y del papa, en la divina. Ambas rechazaban cualquier tipo de particularismo jurídico y motivaron, consiguientemente, el recelo de los castellanos hacia un Derecho extraño y contrario a su tradición jurídica. Se ha dicho que el fracaso del *Fuero real* y del *Espéculo* pudiera haber motivado la no promulgación de las *Partidas*

---

el Rey para atraer pobladores a las tierras recién conquistadas a los musulmanes. Ya sabemos la relación existente entre reconquista y repoblación, al menos en los primeros siglos. En estas *cartas de repoblación* se contenían las condiciones jurídicas del nuevo asentamiento, así como diversas franquicias y privilegios, entre los que figuraba, por ejemplo, el de autonomía jurisdiccional. De estas *chartae populationis* se evolucionó, más tarde, a los *fueros* breves, donde se recoge y verifica una incipiente organización municipal. Finalmente, a partir de los siglos XII y XIII, se documentan ya los *fueros* extensos, donde encontramos ya una organización municipal bastante desarrollada.

[29]   El *Fuero Juzgo* es la versión castellana del famoso *Liber iudiciorum*, la obra más importante del Derecho visigodo. El *Liber iudiciorum* fue promulgado por Recesvinto en el año 654, en el VIII Concilio de Toledo. Consta de una recopilación de leyes promulgadas por los reyes godos anteriores a Recesvinto. Como en todo el Derecho germánico, podemos encontrar en el *Liber* una influencia notable del Derecho romano, pero también se nos conservan numerosas instituciones del Derecho germánico. El *Liber* fue revisado posteriormente varias veces para incluir en él la actividad legislativa de los siguientes reyes godos, como Wamba, Ervigio, etc. Es notable el hecho de que, a finales del mismo siglo VII, fue objeto de manipulaciones e interpolaciones introducidas por ju-

en vida de Alfonso X, y aun después, ya que éstas se constituían como el vehículo más perfecto de la penetración de los Derechos romano, canónico y feudal, del Derecho común, en suma. No obstante, algunos historiadores de nuestro Derecho no están de acuerdo y han apuntado que las *Partidas* no fueron concebidas para su efectiva aplicación judicial en los territorios de la Corona de Castilla.[30] Serían, pues, según estos estudiosos, el resultado de la constante preocupación culturalista del Rey Sabio: las *Partidas* serían una gran enciclopedia jurídica, destinada al estudio y a la consulta. Sin embargo, un examen detallado de las mismas hace pensar en todo lo contrario.[31]

Por ello, estamos más de acuerdo con la tesis que conecta su elaboración con el proyecto, ambicioso y de carácter universal, que se deduce de las pretensiones, por otra parte legítimas, de Alfonso X de convertirse en emperador.[32] El Rey Sabio era hijo de Beatriz de Suabia y, como sucesor de los derechos de esta casa real, aspiraba al imperio, cosa que, poco más de dos siglos después, logró Carlos V. De hecho, contó con el beneplácito de los electores de Pisa. Sin embargo, la falta de apoyo de Gregorio X y el desánimo con que acogieron esta idea las Cortes castellanas, hicieron que, en 1273, renunciara a la corona imperial. En este sentido, las *Partidas* estaban llamadas a convertirse en el único Derecho no sólo de Castilla, sino de todo el Imperio. Por esto, parece discutible que, desde un principio, se considerara solamente una obra doctrinal y culta, y sin finalidad práctica alguna.

---

ristas anónimos, lo cual dio lugar a una versión extraoficial del texto, a una suerte de *vulgata*. El profesor GARCÍA GALLO (1941: pp. 168-246; 1974: pp. 343-364) trató exhaustivamente del ámbito personal y espacial de aplicación del *Liber*.

[30] Véanse, por ejemplo, las opiniones de los profesores G. SÁNCHEZ y B. CLAVERO, recogidas por F. TOMÁS Y VALIENTE (1990: p. 240).

[31] Hemos encontrado, en nuestra lectura de las *Partidas*, pasajes de los que parece inferirse que su objeto era la aplicación efectiva de sus leyes. Pondremos un ejemplo: en la *Partida* III, Título IV y Ley 6ª, leemos que *los pleytos que vinieren ante ellos, que los libren bien e lealmente, lo más ayna e mejor que supieren: e por las leyes deste libro e non por otras.*

[32] *Cf.*, por ejemplo, A. PÉREZ MARTÍN (1999: pp. 51 y ss).

Con respecto a sus fuentes concretas, se ha afirmado que, en su elaboración, se utilizaron: el *Corpus iuris civilis*, las *Decretales* y los *Libri feudorum*; en otras palabras, el *ius commune*. Pero, además de estos grandes *corpora*, se tuvieron en cuenta también los trabajos de jurisconsultos tan importantes como Azzo de Bolonia, Raimundo de Peñafort, el Ostiense, etc. Por otra parte y en consonancia con el carácter «misceláneo» de tantos libros medievales, podemos constatar la influencia de otras obras y autores como la *Biblia*, Aristóteles, Cicerón, Boecio, Vegecio, el *Poridad de Poridades*, etc. Como posibles autores que participaran en su redacción, se suele mencionar, especialmente, a dos juristas: Jacobo de las Leyes y Fernando Martínez de Zamora, de quien se supone que estudió en Bolonia y fue discípulo de Azzo.[33]

Gran importancia tiene también, al menos desde el punto de vista de la terminología jurídica, como señalamos *supra*, la alusión de la estrofa 1152a al *Speculum iudiciale* (o *Speculum iuris*) de G. Durante o Durando, donde la vacilación en el nombre refleja la típica indiferencia francesa entre el gerundio y el participio de presente. Dentro de «la penitençia quel flaire dio a don Carnal» (estr. 1128-1172) el propio Arcipreste nos vuelve a dar una lección de Derecho canónico, tratando (en el sentido medieval) de la penitencia, si bien le antepone el *topos* de la modestia:

> Porque la penitençia es cosa tan preçiada,
> non devedes, amigos, dexarla olvidada;
> fablar en ella mucho es cosa muy loada;
> quanto más la seguiéremos, mayor es la soldada.
>
> Es me cosa muy grave en tan grand fecho fablar:
> es piélago muy fondo, más que todo el mar;
> só rudo e sin çiençia, non me oso aventurar,
> salvo un poquillo que oí disputar.
> ... ...

---

[33]   *Cf.* A. PÉREZ MARTÍN (1999: pp. 55 y ss), donde se profundiza en estos *auctores*.

> Escolar só mucho rudo, nin maestro nin doctor;
> aprendí e sé poco para ser demostrador;
> aquesto que yo dixiere, entendet lo vos mejor [...]
> quien quisiere saberlos, estudie do son puestos;
> trastorne bien los libros, las glosas e los testos...

Y, en la estrofa 1152, nos da nombres de *auctores* y obras: el primero, Guillermo Durando y sus dos obras, el *Speculum* y el *Repertorium sive Breviarium aureum super corpus iuris canonici*:

> Lea en el Espéculo e en el su *Repertorio*,
> los libros del Ostiense, que son grand parlatorio,
> el Inoçençio Quarto, un sotil consistorio,
> el Rosario de Guido, Novela e *Directorio*

Durando hizo dos redacciones de su obra: la primera, entre 1271 y 1276; y la segunda, entre 1289 y 1291. Este *Speculum* se divide en cuatro partes: la primera ofrece un tratamiento de las personas que intervienen en el proceso; la segunda trata del proceso civil; la tercera, la parte más corta, está dedicada al proceso penal; y, en la cuarta, se recogen fórmulas procesales de todo tipo. El *Speculum* nos ha interesado sobre todo en relación con el proceso judicial de nuestra fábula.

En efecto, el texto del Arcipreste, desde un punto de vista «estructural», *stricto sensu*, sigue a las *Partidas*, pero respecto a la terminología jurídica, parece muy probable que el *Speculum* pudiera ser la otra fuente, como veremos detenidamente al tratar de los términos concretos del texto. Y esto no debería extrañarnos, debido a la trascendencia del *Speculum* dentro de la literatura procesal y al hecho de que Durando fue uno de los autores que mayor influencia ejerció en Castilla.

Segunda Parte

Tras esta exposición, veamos ya el texto que nos ocupa. Nos parece imprescindible ofrecer una reproducción íntegra, para que se aprecie el conjunto. Y ello sin perjuicio de que luego, al comentar cada estrofa, recurramos a transcripciones parciales del mismo, que nos permitan realizar el análisis minucioso que pretendemos. Así, sin más preámbulos pasamos a reproducir lo que hemos llamado *textus receptus*, que no es otro que la versión, tantas veces citada, de Gybbon-Monypenny. Ya manifestamos, en la Primera parte, que la edición béderiana del profesor inglés supone una revisión mejorada de las ediciones críticas, ya clásicas, de Chiarini, Corominas y Joset. También dijimos que de los tres manuscritos que nos han llegado Gybbon se ha basado en el ms. S, apartándose lo menos posible de sus lecciones, por constituir la versión más completa de la obra. Ello se opone al empleado por los otros tres editores mencionados *supra*, que se sirvieron del modelo neolachmanniano, lo que les permitía enmendar con mucha más facilidad el texto, partiendo del principio de la *lectio difficilior*. Y, así, prefirieron, en un gran número de casos las lecciones de G y T. Pero, para el episodio concreto que, en este caso, nos viene ocupando, pensamos que no hay duda de que tenemos que partir de S, pues es el único manuscrito que contiene en su integridad todo el pasaje. T se nos muestra muy fragmentario, ya que sólo nos ha conservado menos de la décima parte del texto, unos 20 versos (estr. 367-371). G aparece más completo: sólo faltan los primeros 37 versos de la fábula, que, como ha quedado dicho, consta de 204. Pero se da la circunstancia de que estos primeros versos, los comprendidos en las estrofas 321-329 (y también la estrofa 364d), son de enorme relevancia. Sin embargo, por otra parte, a pesar de la expresada preferencia por S, debemos confesar que, en algún caso, hemos seguido las lecciones de G, cosa que ha hecho también, ocasionalmente, el profesor Gybbon, aunque no siempre coincidimos con sus «correcciones» al *codex optimus*. Lo veremos al hilo del comentario.

1. *El texto (est. 321-371)*

Furtava la raposa a su vezina el gallo;
veíalo el lobo, mandávale dexallo;
dezía que non devía lo ageno furtallo;
él non veía la ora que estoviese en tragallo.

Lo que él más fazía, a otros lo acusava;
a otros retraía lo que él en sí loava;
lo que él más amava, aquello denostava;
dezíe que non feziesen lo que él más usava.

Emplazóla por fuero el lobo a la comadre:
fueron ver su juizio ante un sabidor grande,
don Ximio avía por nombre, de Buxía alcalde;
era sotil e sabio, nunca seía de balde.

Fizo el lobo demanda en muy buena manera:
apta e bien formada, clara e bien çertera.
teníe buen abogado, ligero e sotil era:
galgo, que de la raposa es grand abarredera.

«Ante vos, el mucho honrrado e de grand sabidoría,
don Ximio, ordinario alcalde de Buxía,
yo el lobo me querello de la comadre mía:
en juizio propongo contra su malfetría.

E digo que agora, en el mes de febrero,
era de mill e trezientos, en el año primero,
regnante nuestro señor el león mazillero,
que vino a nuestra çibdat por nombre de monedero,

En cassa de don Cabrón, mi vassallo e quintero,
entró a furtar de noche por çima del fumero;
sacó furtando el gallo, el nuestro pregonero;
llevólo e comiólo a mi pessar en tal ero.

De aquesto la acuso ante vos, el buen varón.
Pido la condenedes, por sentençia e por ál non,
que sea enforcada e muerta como ladrón.
Esto me ofresco provar, so pena de talión».

Seyendo la demanda en juizio leída,
fue sabia la gulpeja e bien aperçebida:
«Señor, diz, yo só siempre de poco mal sabida;
dat me un abogado que fable por mi vida».

Respondió el alcalde: «Yo vengo nuevamente
a esta vuestra çibdat, non connosco la gente;
pero yo te dó de plazo que fasta días veinte
ayas tu abogado; luego al plazo vente».

Levantóse el alcalde esa ora de judgar.
Las partes cada una pensaron de buscar
quál dineros, quál prendas para al abogado dar;
ya sabía la raposa quién le avía de ayudar.

El día era venido del plazo asignado:
vino doña Marfusa con un grand abogado,
un mastín ovejero, de carranças çercado;
el lobo quando lo vio fue luego espantado.

Este grand abogado propuso por su parte:
«Alcalde, señor don Ximio, quanto el lobo departe,
quanto demanda e pide, todo lo faz con arte,
que él es fino ladrón, e non falla quel farte.

E por ende yo propongo contra él exeución
legítima e buena, por que su petiçión
non deve ser oída, nin tal acusaçión
él fazer non la puede, ca es fino ladrón.

A mí acaesçió con él muchas noches e días
que llevava furtadas de las ovejas mías;
vi que las degollava en aquellas erías;
antes que las comiese, yo ge las tomé frías.

Muchas vezes de furto es de juez condenado
por sentençia, e así por derecho enfamado;
por ende non deve ser de él ninguno acussado,
nin en vuestra abdiençia oído nin escuchado.

Otrosí le opongo que es descomulgado,
de mayor descomunión por costitución de legado,
porque tiene barragana pública, e es casado
con su muger doña Loba, que mora en vil forado.

Su mançeba es la mastina, que guarda las ovejas;
por ende los sus dichos non valen dos arvejas,
nin le deven dar respuesta a sus malas conssejas;
asolved a mi comadre: váyase de las callejas».

El galgo e el lobo estavan encogidos:
otorgáronlo todo con miedo e amidos.
Diz luego la marfusa: «Señor, sean tenidos
en reconvençión, pido que mueran e non oídos».

Ençerraron raçones de toda su porfía:
pidieron al alcalde que les asignase día
en que diese sentençia, qual él por bien tenía;
e asignóles plazo después de la Epifanía.

Don Ximio fue a su casa, con él mucha compaña:
con él fueron las partes, conçejo de cucaña;
ahí van los abogados de la mala picaña,
por volver al alcalde; ninguno non lo engaña.

Las partes cada una a su abogado escucha:
presentan al alcalde, qual salmón e qual trucha,
qual copa e qual taza, en poridat aducha;
ármanse çancadilla en esta falsa lucha.

Venido es el día para dar la sentençia:
ante el juez las partes estavan en presençia:
dixo el buen alcalde: «Aved buena avenençia,
antes que yo pronunçie e vos dé la sentençia».

Pugnan los abogados e fazen su poder,
por saber del alcalde lo que quiere fazer;
qué sentençia daría, o quál podría ser;
mas non podieron de él cosa saber nin entender.

De lexos le fablavan por le fazer dezir
algo de la sentençia, su coraçón descobrir;
él mostrava los dientes, mas non era reír;
coidavan que jugava, e todo era reñir.

Dixiéronle las partes e los sus abogados
que non podrían ser en una acordados,
nin querían avenençia, para ser despechados;
piden que por sentençia fuesen de allí librados.

El alcalde, letrado e de buena çiençia,
usó bien de su oficio e guardó su conçiençia:
estando assentado en la su abdiençia,
rezó él, por sí mesmo escripta, tal sentençia:

«En el nombre de Dios, el judgador dezía,
yo, don Ximio, ordinario alcalde de Buxía,
vista la demanda que el lobo fazía,
en que a la marfusa furto le aponía,

E vistas las escusas e las defensiones
que puso la gulharra en sus exeuçiones,
e vista la respuesta e las replicaçiones
que propuso el lobo en todas sus razones,

E visto lo que pide en su reconvençión
la comadre contra el lobo, çerca la conclusión,
visto todo el proceso e quantas razones son,
e las partes que piden sentençia e ál non,

Por mí examinado todo el proçeso fecho,
avido mi conssejo, que me fizo provecho,
con omnes sabidores en fuero e en derecho,
Dios ante los mis ojos e non ruego nin pecho,

Fallo que la demanda del lobo es bien çierta,
bien apta e bien formada, bien clara e abierta;
fallo que la raposa en parte bien açierta
en sus defenssiones e escusa e refierta:

La exeuçión primera es en sí perentoria;
mas la descomunión es aquí dilatoria;
diré un poco della, que es de grand estoria;
¡abogado de romançe, esto ten en memoria!

La exeuçión primera muy bien fue alegada;
mas la descomunión fue un poco errada,
que la costituçión deviera ser nombrada,
e fasta nueve días deviera ser provada.

Por cartas o por testigos, o por buen instrumente,
de público notario deviera sin fallimiente
esta tal dilatoria provarse claramente;
si se pon perentorio esto es otramente.

Quando la descomunión por dilatoria se pone,
nueve días a de plazo para el que se opone;
por perentoria más; esto, guarda no te encone,
que a muchos abogados se olvida e se pospone.

Es toda perentoria la descomunión atal,
si se pon contra testigos en pleito prinçipal,
o contra juez publicado, que su proçeso non val;
quien de otra guisa lo pone, yérralo e faze mal.

Fallo que la gulpeja pide más que non deve pedir:
que de egual, en criminal, non puede reconvenir;
por exepçión non puedo yo condepnar nin punir,
nin deve el abogado tal petiçión comedir.

Maguer contra la parte, o contra el mal testigo,
sea exeución provada, nol farán otro castigo;
desecharán su demanda, su dicho non val un figo;
la pena ordinaria non avrá, yo vos lo digo.

Si non fuere testigo falso, o si lo vieren variar,
ca entonçes el alcalde puédelo atormentar;
non por la exeución, mas porque lo puede far
en los pleitos criminales; su ofiçio ha grant lugar.

Por exeución se puede la demanda desechar,
e puédense los testigos tachar e retachar;
por exeución non puedo yo condepnar nin matar,
nin puede el alcalde más que el derecho mandar.

Pero, por quanto yo fallo por la su confesión
del lobo, ante mi dicha, e por otra cosa non,
fallo que es provado lo que la marfusa pon;
por ende pongo silençio al lobo en esta saçón.

Pues por su confesión e su costumbre e uso,
es manifiesto e çierto lo que la marfusa puso,
pronunçio que la demanda que él fizo e propuso
non le sea resçebida, segund dicho he de suso.

Pues el lobo confiesa que fizo lo que acusa,
e es manifiesto e cierto que él por ello usa,
non le deve responder en juizio la marfusa;
resçibo sus defensiones e la buena escusa.

Non le preste lo que dixo, que con miedo e quexura
fizo la confesión, cogido en angostura,
ca su miedo era vano e non dixo cordura,
que adó buen alcalde judga, toda cosa es segura.

Do liçençia a la raposa: váyase a la salvagina;
pero que non la asuelvo del furto atan aína,
pero mando que non furte el gallo a su vezina».
Ella diz que no lo teníe, mas que le furtaría la gallina.

Non apelaron las partes, del juizio son pagados,
porque no pagaron costas, nin fueron condenados.
Esto fue porque non fueron de las partes demandados,
nin fue el pleito contestado, por que fueron escusados.

Allí los abogados dixieron contra el juez
que avía mucho errado e perdido el su buen prez,
por lo que avía dicho e suplido esta vez;
non ge lo preçió don Ximio quanto vale una nuez.

Díxoles que bien podía él en su pronunçiaçión
suplir lo que es derecho y de constituçión,
que él de fecho ageno non fazía menzión.
Tomaron los abogados del Ximio buena liçión.

Dixiéronle otrosí una derecha raçón:
que fecha la conclusión en criminal acusaçión,
non podía dar liçençia para aver composiçción:
menester la sentençia çerca la conclusión.

A esto dixo el alcalde una sola responsión:
que él avíe poder del rey en su comisión
espeçial para todo esto, e complida jurisdiçión.
Aprendieron abogados en esta disputaçión.

2. El contexto

Una vez transcrito el texto que ofrece Gybbon, con algunas correcciones que precisaremos en su momento, conviene ahora situar el fragmento en el lugar que le corresponde dentro de la obra, para poder integrarlo dentro del conjunto en el que se encuentra. En efecto, cuando el Arcipreste, después de sus dos primeros fracasos amorosos, denuesta a don Amor, introduce un tratado acerca de los pecados capitales, donde demuestra los efectos negativos del amor sobre el alma. El mismo esquema expositivo se repite en el tratamiento de cada uno de los siete pecados capitales: una disquisición teórica, ilustrada con ejemplos tomados tanto de la historia sagrada y profana, como de las fábulas. En nuestro caso, se trata de una «fabla» que ejemplifica el pecado de la *açidia*. Es éste un término frecuente, en español, hasta el Siglo de Oro, pero que, actualmente, su uso es muy poco habitual. Sin embargo, explicar qué significa aquí la palabra *açidia* no resulta sencillo, ya que cobra, en el Arcipreste, un sentido un tanto distinto al que tenía en su origen y conserva en la actualidad. Había sido tomada del griego ἀϰηδία, donde *akedía* significaba 'despreocupación', 'desidia', sobre todo, en lo atinente a los deberes más personales, como las obligaciones familiares. Si tuviéramos que encontrar, en latín, un término equivalente, hablaríamos de *negligentia,* o mejor, *incuria.* Los Padres de la Iglesia y los teólogos medievales[1] se encargaron de dar a este término el sentido que tiene para Juan Ruiz: la acidia es un pecado capital, que engendra, por tanto, otros pecados o vicios; en concreto, es una tristeza de ánimo, una *anti-joie de vivre* no exenta de mala intención y de envidia hacia los espíritus activos. Igualmente, se relaciona con la hipocresía: el acidioso critica a los otros por conductas y actos que a él le hubiera gustado realizar, pero que no lleva a cabo por su pusilanimidad. Todo ello, la malicia, la envidia, la hiprocresía, encaminado a impedir que los otros actúen o logren sus propósitos. En el Medievo, los términos ira y acidia presentaban una gama de empleos más amplia. Y estaban ambos muy relacionados. Así, en la *Divina Comedia*, al final del Canto VII del *Inferno*, vv. 121-123, nos presenta Dante el descenso al quinto círculo, donde se encuentran juntos los iracundos y acidiosos, inmersos o sumergidos en las aguas fangosas de la laguna Estigia. Allí leemos:

---

[1]   Algunos autores como Juan Clímaco, Evragio Póntico, Juan Casiano, Gregorio Magno, Alcuino e Isidoro de Sevilla intentaron enumerar y explicar los pecados capitales. De todas estas enumeraciones, la más famosa fue la de San Gregorio Magno (*Moralia in Job*), que es la que sigue Tomás de Aquino en sus *Quaestiones disputatae de Malo*. Según el teólogo bajomedieval (*Quaestio disputata* 11. 2), la acidia engendraba los siguientes vicios: malicia, rencor, pusilanimidad, desesperación, indolencia en lo tocante a los mandamientos y divagación de la mente por lo ilícito.

> Fitti nel limo, dicon: «Tristi fummo
> nell'aere dolce che dal sol s'allegra,
> portando dentro accidioso fummo».[2]

En estos versos se hace alusión también a la tristeza como característica de este grupo de condenados. Pero esta tristeza debe relacionarse con la *tristitia* latina que alude precisamente a un 'carácter sombrío, con poca alegría de vivir y, contenidamente, colérico'. En efecto, los acidiosos mantienen largo tiempo el sentimiento de ira por causa de la tristeza de ánimo que llevan encerrada. Juan Ruiz hece mención en otras ocasiones en el *Libro de buen amor*. Así, en las estrofas 317-320, inmediatamente antes de nuestro texto, nuestro autor asocia a don Amor con la *açidia*:

> De la açidia eres messonero e posada;
> nunca quieres que omne de bondat faga nada;
> desque lo ves baldío, das le vida penada;
> en pecado començada, en tristeza acabada.
>
> ... ...
> Otrosí con açidia traes hipocresía;
> andas con grand simpleza, penssando pleitesía;
> pensando estás triste, tu ojo non se erzía;
> do ves la fermosa, oteas con raposía.
>
> De quanto bien pedricas, non fazes dello cosa:
> engañas todo el mundo con palabra fermosa;
> quieres lo que el lobo quiere de la raposa;
> abogado de fuero, ¡oye fabla provechosa!

Actualmente, lo más cercano a la acidia es la pereza; de hecho, el dicho que reza *la pereza/ociosidad es la madre de todos los vicios* viene mejor expresado y recogido en las estrofas 1600-1602 del *Libro de buen amor*, donde leemos:

---

[2] Resulta interesante el comentario que el editor de la *Divina Comedia*, G. VANDELLI (1991: 57) hace al verso 123: «Accidioso fummo non vuol dir altro che lenta ira, perchè l'ira presta e subita [...] non è pecato».

> Armados estemos mucho contra açidia, mala cosa:
> ésta es de los siete pecados más sotil e engañosa;
> ésta cada día pare, doquier que el diablo posa;
> más fijos malos tiene que la alana raviosa.

> Contra ésta e sus fijos que ansí nos devallen,
> nos andemos romerías, e las oras non se callen;
> e penssemos pensamientos que de buenas obras salen,
> ansí que con santas obras a Dios baldíos non fallen.

> De todos buenos deseos e de todo bien obrar
> fagamos asta de lança, e non queramos canssar;
> con fierro de buenas obras los pecados a matar;
> con estas armas lidiando podemos los amansar.

Y, respecto de esto, nos cuenta el Arcipreste la fábula del lobo y la raposa, si bien acentuando el carácter, en principio secundario, de la 'hipocresía', frente al principal de la 'inactividad'.

Por otra parte, frente al carácter misceláneo y, en cierta medida, «suelto» que suele atribuirse al *Libro*, debe quedar clara la fuerte trabazón que podemos encontrar entre sus partes. Así, en la estrofa 320, la que antecede a nuestro texto, en el último verso (sólo en S, pues falta en los otros manuscritos), resalta la referencia que se hace al *abogado de fuero*. Este verso, *Abogado de fuero ¡oye fabla provechosa!*, constituye una suerte de prolepsis, una anticipación del asunto que se piensa tratar. Juan Ruiz se propone impartir una lección de Derecho común, ese Derecho, que como hemos dicho, era considerado, entonces, extraño a la tradición jurídico-foral castellana. Aparte de demostrar claramente su conocimiento del Derecho y su terminología, el Arcipreste se hace eco de la trascendental polémica, a la que ya aludimos, originada en Castilla en torno a la difusión de este Derecho que tan bien conocía y del que se muestra defensor. El Arcipreste se nos presenta, incluso, como un «visionario», ya que, si aceptamos la fecha de 1343 como el año de la terminación definitiva del *Libro*, sólo cinco años más tarde se iban a imponer las *Partidas* como Derecho vigente en Castilla, supletorio —es cierto— del Derecho real, pero indiscutiblemente por encima de los rudos y poco técnicos fueros.

3. Fuentes literarias

Por último, antes de pasar al comentario pormenorizado del vocabulario jurídico de nuestro texto, creemos imprescindible referirnos a las fuentes literarias del mismo. Para el tratamiento de esta cuestión, nos basaremos en nuestro estudio (2004), precisamente dedicado a la transmisión de la fabulística grecolatina en la literatura española medieval. A él remitimos para ciertos detalles que no expondremos en este trabajo para no apartarnos demasiado de nuestro objeto principal: el comentario de la fábula del Arcipreste. La fuente primitiva de nuestro texto es la fábula de Fedro[3] (I, 10), *Lupus et vulpes, iudice simio*[4]:

Quicumque turpi fraude semel innotuit,
etiam si verum dicit amittit fidem.
Hoc adtestatur brevis Aesopi fabula.

---

[3]   Poco se sabe de la vida de Fedro. Los pocos datos de que disponemos nos los proporciona su propia obra: los cinco libros *fabularum Aesopiarum*. De acuerdo con la noticia que aparece en el libro III, *prol.* 17 nació en Macedonia y vivió hasta poco más de la segunda mitad del siglo I d. C. en Roma. Pudo haber sufrido la esclavitud y, más tarde, haber sido libertado, ya que, en los manuscritos se le designa «liberto de Augusto». Según L. HAVET (1955), Fedro compuso su primer libro de fábulas entre los años 14 y 31 d. C. Pero el exilio, que se le impuso como condena por ciertas acusaciones de Sejano, el influyente ministro de Tiberio, provocó el aplazamiento de su publicación. De esta forma, aparecería conjuntamente con el segundo libro poco después del año 43. En el año 54 vería la luz su tercer libro y, algunos años más tarde, los dos restantes.

[4]   El corpus fedriano, fijado, en la actualidad, en 122 fábulas, puede dividirse en: 1) fábulas que tienen su antecedente en el material fabulístico esópico de las recopilaciones que debieron circular en época del autor. Prueba de ello es que estas fábulas pueden encontrarse en otras colecciones que también traen causa de esas antiguas recopilaciones; 2) fábulas que no tienen correlato en las colecciones anteriores y, por tanto, muy probablemente, originales. La composición que nos ocupa sería un ejemplo de este último grupo. Según F. RODRÍGUEZ ADRADOS (1985: p. 146; 1986: p. 463) su creador debió de ser el propio Fedro, basándose en una anécdota de que circulaba de Diógenes el Cínico, recogida, más tarde, por Diógenes Laercio (VI, 2. 54).

Lupus arguebat vulpem furti crimine;
negabat illa se esse culpae noxiam.
Tunc iudex inter partis sedit simius.
Uterque causam cum perorasset suam,
dixisse fertur simius sententiam:
'tu non videris perdidisse id quod petis;
te credo subripuisse quod pulchre negas'.[5]

No obstante, los siglos que separan al fabulista latino del autor del *Libro de buen amor* y la transmisión de textos de la Antigüedad clásica en el Occidente medieval nos obligan a referirnos al cauce de penetración de Fedro en la Edad Media latina, por una parte; por otra, a cómo pudo acceder el Arcipreste al conocimiento de esta fábula concreta. Pero, antes de ver cuál era la posición de Fedro en la Edad Media, debemos partir de la premisa siguiente: en el Occidente medieval, la tradición fabulística romana precede a la griega. Esto significa que las fábulas que, desde un principio, se conocen y se adaptan son las de los autores latinos. El aislamiento entre lo que había sido el Imperio Romano de Occidente y el de Oriente no permitió que, hasta el siglo IX, se empezara a notar el influjo de la fábula griega. Precisamente, los pilares de esta tradición romana eran Fedro y Aviano (fabulista latino de la Antigüedad tardía: siglos IV-V d. C.). Aviano y su colección de cuarenta y dos fábulas en dísticos elegíacos gozaron de gran fama durante toda la Edad Media. E. R. Curtius (1989: pp. 80-81) señalaba que su nombre aparecía en los más importantes catálogos de autores leídos en las escuelas medievales. Y su obra dio lugar a una interesante tradición derivada, en verso, en prosa, en latín y, a partir del siglo XIII, en las distintas lenguas vernáculas.

La situación de Fedro entrañó siempre una mayor complejidad, pues, si bien estaba en la base de una de las recopilaciones de fábulas más famosas a lo largo de este período, el *Romulus*, lo cierto es que, al contrario que Aviano, apenas se conocía directamente. Se piensa que el texto original de Fedro circuló hasta la época

---

[5]   El texto procede de la edición de A. BRENOT (1969).

carolingia (Boldrini, 1990), pero éste debió perderse porque no volvemos a saber de él hasta 1596, fecha en que Pierre Pithou lo edita, a partir de un manuscrito que se encontraba en posesión del marqués de Rosanbó. El conocimiento de Fedro era, por tanto, muy pobre. Sin embargo, la pervivencia de sus fábulas quedó asegurada a través de una rica y variada tradición indirecta que surge ya en la Antigüedad y se va perfeccionando y acrecentando a lo largo de la Edad Media. En los inicios de esta tradición, nos encontramos con colecciones de *Fabulae antiquae*, que constituían más la alteración que la imitación de las composiciones de Fedro. Esta alteración consistía, en la mayor parte de los casos, en su prosificación y en su adaptación al modelo de pensamiento de la época. De estos *corpora* surgirá el verdadero centro de la fábula en el Occidente medieval: el *Romulus*, llamado así porque fue atribuido falsamente a un cierto Rómulo, que, según un prólogo añadido tardíamente al manuscrito, había traducido del griego al latín las fábulas para su hijo Tiberino. Los manuscritos más antiguos de esta obra son del siglo X, pero su origen, según L. Hervieux (1970: I, p. 267), hay que retrotraerlo a los primeros siglos del Medievo, a otra obra que no se nos ha conservado, llamada *Aesopus ad Rufum*, que constituiría su núcleo primitivo. En cualquier caso, lo que nos interesa resaltar aquí es que, con el *Romulus*, se originó toda una tradición fabulística de carácter romúleo, y, en última instancia, fedriana; una tradición que se encuentra en numerosas colecciones, y, como en el caso de Aviano, también en prosa, en verso, en latín y en vulgar. De entre todas estas colecciones, nos interesa especialmente la denominada *Romulus* de Nevelet, una recopilación anónima del siglo XII, publicada por Nevelet en 1610. L. Hervieux (1970: I, pp. 472 y ss) la atribuyó a Gualterio Panormitano, más conocido como Walter el Inglés, capellán de Enrique II de Inglaterra y supuso, a partir del siglo XII, el medio más importante de transmisión de la fábula procedente del *Romulus* en Europa. Es, por ello, que F. Lecoy (1974: pp. 129 y ss) y F. Rodríguez Adrados (1985: p. 584) consideran que es la fuente inmediata de las fábulas romúleas del Arcipreste. Diremos, por tanto, que el conocimiento que tiene el Arcipreste de esta fábula de Fedro pasa por las recopilaciones de *Fabulae antiquae*, reunidas, al principio de la Edad Media, en el *Aesopus ad Rufum* que, tras sucesivas ampliaciones, dio lugar al *Romulus*, objeto de distintas recensiones y colecciones como la de Walter que, a decir de la crítica, sería su antecedente inmediato[6] Se puede observar que las similitudes argumentales entre nuestro fragmento y sus fuentes mediata e inmediata son manifiestas: los personajes centrales del relato y el motivo son los mismos: el lobo encausa a la zorra por hurto y el mono dicta una sentencia justa. En ésta se rechaza la pretensión del lobo, considerada injusta porque el lobo hace aquello de lo que acusa a la zorra y carece de crédito, a la vez que se reconoce la culpabilidad de la zorra, aunque no puede ser punida porque la acusación proviene de quien es de su misma condición. Pero existen también importantes diferencias. En primer lugar, a pesar de que los personajes centrales coinciden en las tres composiciones (el lobo, la zorra y el mono), en la fábula de Juan Ruiz participan muy activamente también el galgo y el mastín que actúan como abogados de las partes e, incluso, se hace referencia a otros animales como el león, en su papel habitual dentro del universo de la fábula, el de rey (326c), la cabra y el cabrón, como víctimas del hurto (321a y 327a), el gallo, que constituye

---

[6] La colección de Walter contiene sesenta y cuatro fábulas en dísticos elegíacos: cuatro de ellas no tienen un origen claro, pero las otras cincuenta y ocho proceden del *Romulus ordinarius* (la versión más antigua, del siglo X, del *Romulus*). En este grupo se halla, bajo el título *De lupo et vulpe*, la adaptación del *Lupus et vulpes iudice simio*. La transcripción que seguidamente presentamos procede de L. HERVIEUX (1970: II, p. 334):

> *Respondere lupo de furti labe tenetur*
> *Vulpes; causa vocat: hic petit, ille negat.*
> *Simius est iudex; docti non errat acumen*
> *Iudicis: archanum mentis in ore legit.*
> *Visque fidem de re quam negat ipsa fides.*
> *Tu bene furta negas: te vite purior usus*
> *Liberat. Hanc litem pax domet: ira cadit*
> *Simplicitas veri, fraus estque puerpera falsi:*
> *Esse solent vite dissona verba sue.*
> *Sordibus inbuti nequeunt dimittere sordes.*
> *Fallere qui didicit, fallere semper amat.*

el objeto material del delito o *corpus delicti*, la mastina (338a) y la loba (337d), que son, respectivamente, la amante y la esposa del lobo. Este hecho no ha pasado desapercibido para los críticos y, de hecho, F. Rodríguez Adrados (1986: pp. 464-465) consideró que la adición de nuevos personajes se debía a una *contaminatio* de Juan Ruiz: aparte de servirse de los elementos centrales de la fábula fedriana, introdujo algunos ingredientes de una supuesta fábula medieval, derivada, en última instancia, de Fedro, que sirvió también de fuente al *Roman de Renart* (Branches I y IV), ya que en esta obra francesa de finales del siglo XII hay un episodio en el que se sustancia un juicio en el que aparecen casi los mismos personajes que encontramos en el texto del Arcipreste (el lobo, la zorra, los abogados y una gallina como objeto litigioso). La diferencia principal consiste en que el juez no es el mono sino el león. En segundo lugar, debemos fijarnos en la extensión y profundidad de la fábula del Arcipreste: a los diez versos del poeta romano y los doce de Walter, corresponden los 204 versos del Arcipreste. Podríamos decir que Juan Ruiz parte de un núcleo argumental dado, para luego desarrollarlo[7] con gran complejidad técnica, añadiéndole una serie muy amplia de elementos jurídico-procesales.

---

[7] Este desarrollo y extensión de la composición de Juan Ruiz ha hecho decir a F. RODRÍGUEZ ADRADOS (1986: 463) que estamos más bien ante un ejemplo de la denominada épica animal, que ante una fábula. Para nosotros, la amplitud de este pasaje del *Libro de buen amor* tiene mayor relación con la utilización de un procedimiento estilístico que está en la base de la composición de toda la obra y de otras muchas en la Edad Media: la *amplificatio*. Según E. R. CURTIUS (1989: pp. 688-689) el sentido que tiene la *amplificatio* para los maestros retóricos de los siglos XII y XIII (Mateo de Vendôme, Juan de Garlandia, Galfredo de Vinsauf y Eberardo el Alemán) nada tenía que ver con el significado que tenía para las retóricas antiguas, pues sólo constituiría el «alargamiento, ensanchamiento, aplanamiento puramente material de un tema». Para Quintiliano, el vocablo *amplificatio* estaba relacionado con el de la retórica griega αὔξησις. La αὔξησις, formulada, sobre todo, para los discursos forenses o panegíricos, suponía la elevación de unos hechos o atributos personales por encima de sus proporciones reales. No consistía, por tanto, en expandir materialmente el asunto, sino en colocarlo, independientemente de su importancia, en un lugar muy destacado dentro del discurso. Para E. FARAL (1962), que presenta una visión más negativa de este recurso en la Edad Media, la *amplifi-*

Nos parece evidente que Fedro no es ajeno a la terminología jurídica propia del Derecho romano, pues en su pequeño texto, que consta de 55 palabras, nos encontramos con una veintena de tecnicismos, esto es, más de la tercera parte. De hecho, se ha estudiado, con gran interés, la proximidad del poeta romano al léxico jurídico (Moretti, 1982). Destaquemos, en el primer verso, el sintagma *turpi fraude*, que hace alusión a la 'mentira', 'calumnia', 'fraude', 'estafa': es, en suma, lo que conculca la *bona fides*, que aparece en el segundo verso, formando parte de otra colocación, como dirían los fraseólogos, el sintagma *amittit fidem*. El tercer verso nos muestra *adtestaretur* (de *adtestor*), verbo muy utilizado en el lenguaje jurídico con el sentido de 'probar con testigos'. Y todo ello en la moraleja inicial. Ya, dentro del cuerpo de la fábula propiamente dicha, tenemos, en el cuarto verso, *arguebat* (de *arguo*, que lleva en acusativo la persona a quien se acusa y, en ablativo, el motivo de la acusación), que significa 'acusar en juicio'. Y, en el mismo verso, el objeto de la acusación, el 'delito de hurto', expresado con el sintagma latino *furti crimine*. El verso siguiente nos vuelve a presentar otro sintagma similar: *culpae noxiam*, con el sentido de 'culpable', 'rea de culpa'. El latín *culpa* hacía referencia al resultado de una transgresión del orden jurídico o del orden divino; aquí aparece con este sentido genérico, aunque, ya en el Derecho romano, adquirió un sentido más específico, opuesto al de *dolo*. Por su parte, *noxius* se relaciona con *noxa* 'daño', *noceo* 'perjudicar', 'dañar', *nocivus*, *innocens*, etc., todos ellos términos de recia raigambre jurídica. El mismo *negabat* parece adecuarse muy bien a un uso técnico, de 'contestar a la demanda', 'presentar alegaciones para oponerse a la acusación', si bien, como el *dicit* del segundo verso o el *sedit* del sexto, está claro que son verbos normalmente usados sin este sesgo técnico. Precisamente, este verso

---

catio era la *mera dilatación injustificada* de cualquier materia (la cursiva es nuestra). A esta definición tenemos que objetarle una cosa: efectivamente, el Arcipreste ha ampliado materialmente asunto (la fábula romúlea-fedriana), pero no creemos que la expansión en este caso sea injustificada. Nuestro autor quiere ofrecer una lección de Derecho común y, evidentemente, para ello, necesita llevar a cabo el desarrollo de todo el proceso y de los elementos jurídicos.

sexto es un tecnicismo todo él con la excepción de la primera y de la última palabras: *tunc iudex inter partis sedit simius*. ¿Qué decir del *juez* y de las *partes*? Son los elementos constitutivos de cualquier proceso: las dos posiciones contrarias y el juez como fiel de una balanza. El siguiente verso nos ofrece otros dos tecnicismos jurídicos: *causa* y *perorare*. La *causa* adquiere, en la terminología procesal, el sentido de 'proceso': es el proceso en sí, aunque, originariamente, aludía al motivo en que se fundaba el proceso; en este caso, por su aparición con el verbo *perorare*, lo entendemos más bien referido a las pretensiones de las partes y a las alegaciones que expresaron los litigantes al final del proceso, a modo del actual 'escrito de conclusiones', que se presenta en el momento procesal inmediatamente anterior al pronunciamiento del fallo. Fallo que aparece enseguida, en el verso siguiente: es la *sententia*, palabra usada en el Derecho como 'acto procesal en el que el juez determina la estimación o no de las pretensiones de las partes'. Pretensiones que quedan recogidas en el verbo *petere* (*petis*, en el texto, referido al lobo) y en el *petitum* o 'pretensión procesal'. El último verso nos da cuenta de un tecnicismo final en la forma del verbo *subripio*, que insinúa la forma de «hurtar» de la zorra: subrepticiamente, como conviene a su carácter taimado. Este carácter astuto y taimado viene reforzado por el adverbio *pulchre*, que determina a *negas*. El *pulchre* deja ver que las alegaciones de la zorra en su defensa están bien construidas y se ajustan a Derecho, como luego lo estarán las alegaciones del abogado de la zorra en Juan Ruiz, aunque sirvan a una falsa causa, según se desprende de todo el contexto. La fábula se relaciona con los proverbios, en su intento de mostrar una verdad sencilla y general, una máxima de experiencia. De ahí, su concisión.Una reelaboración como la del Arcipreste desvirtúa la fábula, puesto se pierde el sentido de su lección moral. Pero, ya sabemos que para el Arcipreste esta *fabla* es sólo un pretexto para darnos una lección de Derecho.

Hemos visto, no cabe duda, que también Fedro posee una estimable cultura jurídica, pero asimismo parece claro que, aunque Fedro utilice esta terminología, su intención principal se encamina a que el lector extraiga una enseñanza moral. Por su parte, el grado de precisión terminológica y de técnica es tan elevado en la composición de Juan Ruiz, que el aspecto didáctico-moral se halla a la par con el didáctico-científico. Lo que nos ofrece el Arcipreste es, como ha quedado dicho, una lección de Derecho, una hermosa demostración de práctica jurídica.

Tercera Parte

A continuación iremos comentando, estrofa por estrofa, el proceso que se nos narra, utilizando como entrada los conceptos jurídicos que el Arcipreste va introduciendo paulatinamente.

1. *El hurto: autor, objeto, víctima y testigo*

> Furtava la raposa a su vezina el gallo;
> veíalo el lobo, mandávale dexallo;
> dezía que non devía lo ageno furtallo;
> él non veía la ora que estoviese en tragallo.

Con gran maestría se nos presentan, ya en el primer verso, el hecho delictivo, su autora, la víctima, el objeto material del delito: el hurto, la zorra, la cabra y el gallo e, inmediatamente, en el segundo, incluso alguien que se ha apercibido de la acción: el lobo. La maestría del Arcipreste se evidencia en el enfoque de los hechos: el oyente o el lector «ve» la escena en la que la zorra está saliendo de casa de la cabra con el gallo; enseguida irrumpe un espectador inesperado: el lobo, que la increpa para que deje el gallo. Los motivos, tan poco éticos, del lobo constituyen el cuarto verso, expresado en «estilo indirecto libre». Llamamos estilo indirecto libre a aquél en que conocemos el pensamiento de alguien no directamente, por sus palabras, sino por una acotación del narrador, del tipo *estaban verdes*, dicho de las uvas a las que la zorra no podía acceder.

La primera palabra de la fábula nos introduce de golpe el verbo *furtar*, que procede etimológicamente del latín *furtare*, denominativo sobre *furtum*, y éste, a su vez, supone el sustantivo *fur*, 'ladrón común', y el sufijo —*tu*—, para designar la acción cometida por el *fur*. Para explicar rigurosamente el término y justificar su uso en nuestro texto, debemos partir de la distinción, conocida desde el Derecho romano, entre hurto y robo, pues ambos conceptos se hallan mutuamente condicionados. Tan relacionados están que, salvo para los conocedores del Derecho penal, normalmente se los tiende a considerar sinónimos. Sin embargo, nuestra exposición partirá desde lo más sencillo, por más cercano a nosotros, que es la realidad actual, y se irá remontando después hasta las etapas más alejadas en el tiempo.

Nuestro moderno Derecho penal establece, en primer lugar, una oposición primaria entre ambas figuras. Llamamos «oposición primaria» a aquella que sirve para la delimitación de tipos penales vinculados: hurto/robo; hurto/apropiación indebida; homicidio/asesinato. La oposición hurto/robo se basa en la presencia o no del elemento 'uso de la fuerza', entendiendo fuerza, en un sentido amplio, esto es, el empleo de medios encaminados a eliminar toda resistencia frente a la comisión del delito, ya se aplique esta fuerza a las cosas, ya a las personas. De esta forma, el hurto se define como la 'acción de apoderamiento, con ánimo de lucro, sin la voluntad de su dueño de cosas muebles ajenas, no haciendo uso de la fuerza'; mientras que el robo constituye la 'acción de apoderamiento, con ánimo de lucro, sin la voluntad de su dueño de cosas muebles ajenas, haciendo uso de la fuerza'. Además, dentro de la figura *robo* puede establecerse otra oposición, esta vez «secundaria», pues no diferencia tipos penales distintos, entre robo con fuerza en las cosas y robo con violencia o intimidación. En el primer subtipo se contiene una serie de circunstancias, como el rompimiento o el escalamiento, éste último entendido por la Ciencia penal como «entrada para acceder a las cosas objeto del delito por un sitio no destinado a ello».

Hemos hecho este largo preámbulo porque, a juzgar por la descripción que el lobo hace de cómo la zorra llevó a cabo el acto (*entró a furtar de noche por çima del fumero*, est. 327b) y desde la perspectiva del Derecho penal español actual, la acción quedaría subsumida en el tipo del robo; en concreto, en el subtipo de «robo con fuerza en las cosas», al concurrir la circunstancia de escalamiento. Pero la regulación actual sólo puede estimarse como punto de referencia y no puede hacernos llegar a la conclusión, errada como veremos, de que el Arcipreste carecía de conocimientos técnicos que le permitieran diferenciar el hurto del robo. Así, para limitarnos a un solo ejemplo, citaremos la est. 230d, donde leemos: *por esto robas e furtas, por que tú penarás.* Si nos fijamos en *Las Partidas* veremos que el Arcipreste usó con extraordinaria precisión el término. La *Partida* VII, título XIV, ley 1ª, nos da la siguiente definición: *Furto es malfetria que fazen los omes que toman alguna cosa mueble agena encubiertamente sin plazer de su Señor, con intencion de ganar el Señorio, o la possession, o el uso della.*[1] Y un poco antes, en la misma *Partida*, en el Proemio del título XIII, se había definido el *robo: Robo es una manera de malfetria que cae entre furto e fuerça.* Vistas las cosas así, en principio, parece que, formalmente, no existen unas diferencias notables con respecto a la legislación moderna. Sin embargo, un análisis más detenido, teniendo en cuenta los criterios usuales de interpretación jurídica, nos mostrará que, bajo la aparente semejanza, se esconden divergencias.[2]

---

[1] Para las *Partidas* hemos consultado la edición de Gregorio López, impresa por Andrea de Portonariis, en Salamanca, en 1555, publicada en facsímil por el BOE (1974). Precisamente por la gran utilidad de las glosas de Gregorio López hemos preferido esta edición a la otra existente, un facsímil publicado por la Real Academia de la Historia. A la hora de citar nos hemos tomado la libertad de transcribir completas las numerosas palabras abreviadas, con el objeto de facilitar la comprensión de las citas, pero manteniendo tal cual las grafías utilizadas en el texto.

[2] El art. 6 del *Código civil* determina que *las normas se interpretarán según el sentido propio de sus palabras, en relación con el contexto, los antecedentes históricos y la realidad social del tiempo en que han de ser aplicadas, atendiendo fundamentalmente al espíritu y finalidad de aquéllas.* Son los criterios de interpretación llamados gramatical, sistemático, histórico y teleológico, que remontan, en última instancia, a los cuatro sentidos de la *Sagrada Escritura* desarrollados por los judíos helenizados desde el siglo I a.C. y que tan bien expuestos están en

En primer lugar, hablaremos del «perturbador» adverbio *encubiertamente*. Para entender su sentido en el precepto, debemos acudir al Derecho romano. En Roma, desde la *Ley de las XII Tablas*, se reguló la figura del *hurto*, del que existían dos modalidades principales: el *furtum manifestum*, que suponía la aprehensión *in flagranti* del delincuente, y el *furtum nec manifestum*, en el que el *fur* lograba consumar el delito sin ser visto, de manera que, para ser castigado, debía probarse su culpabilidad. En el primer caso no era necesaria la prueba. El sistema legal permitía a la víctima, si se daban ciertas circunstancias, incluso dar muerte al *fur*. Esto que acabamos de exponer nos permite deducir el carácter secreto con que convenía actuar al delincuente. Este carácter secreto se acentuó más cuando, en el período clásico, superada la fase arcaica de las *XII Tablas*, *fur* se opone a *latro*.[3] Aquí el *fur* era el que actuaba secretamente, mientras que las acciones del *latro* eran públicas. *Latro* se convirtió, así, en la denominación aplicada legalmente al 'asaltante de caminos', al 'cuadrillero', al 'pirata'. Por tanto, la oposición *furtim/palam*, 'a escondidas'/'abiertamente', pudo ser un elemento realmente importante en el Derecho romano. Esta concepción se mantiene en las *Partidas*, donde se recogen estas dos mismas modalidades de hurto. En efecto, la *Partida* VII, en el título XIV, ley 2ª, se opone a la concepción moderna, de manera que la aplicación de la fuerza, en el sentido de 'fuerza en las cosas'

---

el *Convivio* de Dante. *Cf.* E. AUERBACH (1998), y A. CRESPO (1999: pp. 76 y ss).

[3] Estas circunstancias en que el dueño de la cosa podía dar muerte al *fur*, recogidas en la *Ley de las XII Tablas,* coincidiendo con el Derecho griego (*cf.* J. MIQUEL [1990: p. 56]), aparecen también en la *Partida* VII, título VIII, ley 3ª: *fallando un ome a otro que trava de su fija, o de su hermana, o de su mujer con que estuviesse casado según manda la Santa Iglesia, para yazer con alguna dellas por fuerça, si lo matare entonce quando le fallase que le fazia tal deshonra como esta, non cae en pena ninguna. Otro tal dezimos que sera si algun ome fallase algun ladron de noche en su casa e lo quisiesse prender, para darlo a la justicia del lugar, si el ladron se amparasse con armas. Ca entonce si lo matare non cae por esso en pena, e si lo fallase y de dia, e lo pudiesse prender sin ningun peligro, non lo deve matar en alguna manera.* Este precepto, que se halla en el título dedicado a los homicidios, exime de pena a aquéllos que encontraran de noche al *fur* en su

no determina la distinción entre el hurto del robo. Y un poco más adelante viene claramente expresado:

> *E dezimos que daria ayuda al ladron todo ome que le ayudasse a subir sobre que pudiesse furtar, o le diesse escalera con que subiesse, o le emprestasse ferramienta, o demostrasse otra arte con que pudiesse decerrajar, o cortar alguna puerta, o abrir arca, o para foradar pared, o en otra manera qualquier que le diesse ayuda asabiendas, que fuesse semejante de alguna destas para fazer furto* (*Partida* VII, título XIV, ley 4ª).

Así, la fuerza tal como se entiende en la actualidad, esto es, la ejercida en las cosas, en contraposición a la violencia y a la intimidación sobre las personas, y que abarca el escalamiento y otros procedimientos de fractura, no diferencia hurto y robo en las *Partidas*. ¿Qué alcance tiene, entonces, la fuerza a la que se refieren éstas? Para saberlo debemos tener en cuenta la ley 1ª del título X de la *Partida* VII, que regula las *fuerças*:

> *Fuerça es cosa que es fecha a otro tortizeramente, de que non se puede amparar el que la recibe. E son dos maneras della. La una es que se faze con armas. E la otra sin ellas.*

Fuerza , parece referirse, por tanto, únicamente a la violencia o intimidación sobre las personas. Y se aplicó al robo, porque la palabra, en su origen, hacía referencia a un 'apoderamiento violento', sobre todo, en tiempos de guerra, donde designaba el 'saqueo'. Cuando se introdujo en castellano, a través del Derecho germánico, mantuvo este sentido primitivo, pero pronto acogió también las acciones del *latro* del Derecho romano.[4]

---

casa y lo mataran, si éste intentara defenderse. Es algo asimilable a las modernas causas de justificación, concretamente a la legítima defensa.

[4] Hemos consultado, para la etimología de estos términos, el *Dictionnaire étymologique de la langue latine*, de ERNOUT-MEILLET (1967), y el *Diccionario crítico-etimológico castellano e hispánico*, de COROMINAS-PASCUAL (1989).

Podría inferirse, por tanto, que el concepto de hurto en las *Partidas* aparte del 'carácter oculto' con que se pretende llevar a cabo la acción, viene determinado por el 'no uso de la violencia o intimidación (*fuerça*)'. Como hemos visto, la presencia del 'uso de la fuerza en las cosas', tal como se entiende en la moderna Ciencia penal española, no es un elemento que sirva para delimitar el tipo hurto del tipo robo. También, en relación a la importancia que poseen los rasgos *furtim/palam* en el código alfonsino con respecto a los tipos hurto y robo, nos encontramos con la *glossa ad legem primam* que hace Gregorio López a la ley primera, del título XIII de la *Partida* VII, dedicada al robo: *Est rapina alienarum rerum depredatio & fit palam.*

Esperamos que esta larga disquisición nos haya permitido demostrar que el hurto de la fábula es efectivamente un hurto y no un robo, pues la zorra se apoderó de un gallo, que se consideraba cosa *mueble*, aunque la moderna teoría del Derecho hable de *semovientes*. Para las *Partidas*, *muebles son llamadas todas las cosas que los omes pueden mover de un lugar a otro. E todas las que pueden ellas por si mover naturalmente: e las que los omes pueden mover de un lugar a otro, son assi como paños [...] E las que se mueven por si naturalmente son assi como los cavallos e los mulos e las otras bestias, e ganados, e aves...* (*Partida* III, título XVIII, ley 4ª). Y, evidentemente, esa cosa mueble era ajena, pues pertenecía a don Cabrón, aunque, en este momento, se alude a su mujer, suponemos doña Cabra, que es la *vezina* que aparece nombrada. Como dudamos mucho de la ingenuidad del Arcipreste, asignar el papel de víctima a don Cabrón y presentar, primero, a su mujer y de noche quizá conlleve también una determinada intención expresiva. Y este apoderamiento de cosa mueble ajena se llevó a cabo sin la voluntad de su dueño y encubiertamente. Y, precisamente, las circunstancias de entrar de noche y por la chimenea son las claves dadas por el Arcipreste para precisar que la acción era encuadrable dentro del hurto y no del robo. Siguiendo con la definición de hurto, se cumple también la condición que se refiere a la intención de ganar su propiedad, posesión o uso, esto es, el *ánimo de lucro*, el elemento subjetivo fundamental para el reconocimiento de la acción delictiva, ya que *si alguno tomasse esa que no fuesse* suya mas *agena con plazer de aquel cuya es, o cuydando que plazeria al Señor no faria furto* (*Partida* VII, título XIV, ley 1ª). Debemos de suponer que la raposa hizo «buen» uso del gallo, el mismo que le tenía reservado el lobo.

Ya en el segundo verso aparece el lobo (*veíalo el lobo*), que comnina a la zorra para que deje al gallo (*mandávale dexallo*). Este dato tiene su interés, pues nos precisa que el hurto es manifiesto.[5] El lobo toma como pretexto una cuestión de Derecho, el respeto a la propiedad privada, (*dezía que non devía lo ageno furtallo*) e increpa a la delincuente para que desista de su acción. Pero, como se observa en el cuarto verso, la realidad es otra: el lobo actúa movido por la *acidia* (*él non veía la ora que estoviese en tragallo*). Aquí el relato da un giro y pasa de un plano objetivo (la descripción de lo sucedido), a otro subjetivo, en el que el narrador (omnisciente) nos revela la verdadera intención del lobo: a él le hubiera gustado estar en el lugar de la zorra.[6] Pero, para su desgracia, la vulpeja fue menos indolente que él y se le adelantó. Quizá —pudiéramos pensar— esa misma noche pretendiese el lobo hurtar el gallo. Y esto quizá podría explicar la circunstancia de que el lobo se hallara tan cerca del lugar de la comisión del delito y pudiera presenciar la escena. Sabemos que es sólo una hipótesis, pero lo que sí podemos asegurar es que el hurto era un delito habitual en él y que el apoderarse del gallo también entraba en sus planes.

La siguiente estrofa es una amplificación de este último verso, que nos hace evidente la personalidad *acidiosa* del lobo:

---

[5]   La ley 2ª del título XIV (donde se trata *de quantas maneras son de furto*) de la *Partida* VII reza así: *Dos maneras son de furto. La una es la que dizen manifiesto, e la otra es el furto que faze el ome ascondidamente. E manifiesto es, quando al ladron fallan con la cosa furtada, en ante que la pueda esconder en aquel lugar do la cuyda llevar, o fallando lo en la casa a do fizo el furto, o en la viña con las uvas furtadas.*

[6]   Nos parece acertada la opinión de J. COROMINAS (1973: p. 150), oponiéndose a una enmienda del texto por parte de J. CEJADOR (*él non veía la ora de que pudiese tragallo*). Afirma COROMINAS que la combinación *en + infinitivo* tiene un sentido 'durativo' y reafirma la acidia del lobo, quien se imaginaba al gallo en sus fauces, saboreándolo; pero la zorra estropeó su «idílica» imagen.

> Lo que él más fazía, a otros lo acusava;
> a otros retraía lo que él en sí loava;
> lo que él más amava, aquello denostava;
> dezíe que non feziesen lo que él más usava.

El lobo, molesto por el desbaratamiento de su proyecto, adopta hipócritamente la actitud del que reprueba, *de dientes para fuera*, en los otros lo que a él agrada. Así, a pesar de ser de la misma condición que la autora del delito, decide promover pleito contra la raposa. Y, así, pasamos del delito de hurto a la acusación y el emplazamiento ante el juez.

2. *El emplazamiento*

> Emplazóla por fuero el lobo a la comadre:
> fueron ver su juicio ante un sabidor grande,
> don Ximio avía por nombre, de Buxía alcalde;
> era sotil y sabio, nunca seía de balde.

El *emplazamiento* es una figura de primer orden en el Derecho procesal. Es un sustantivo deverbativo sobre el verbo *emplazar*, el cual, a su vez, es un denominativo sobre *plazo*,[7] cuyo étimo se encuentra en el lat. *placitus*. Según Corominas-Pascual (1989:

---

[7] No es nuestra intención ocuparnos teóricamente de los interesantísimos problemas que plantea la formación de palabras, de manera que nos detendremos sólo en aquellos aspectos concretos que atañan a este estudio y que nos resulten imprescindibles para la descripción gramatical del texto. Seguiremos, en todo caso, la doctrina tradicional, la cual, desde Dionisio de Tracia, ha distinguido entre *nombre primitivo* y *derivado*, de un lado, y *nombre simple* y *compuesto*, de otro. También tenemos en cuenta las precisiones de tres estudiosos de la talla de BENVENISTE, MARTINET y COSERIU. En general, se aprecia una diferencia cualitativa entre *palabra simple*, *derivada*, *compuesta*, *sintema* y *sintagma*. Nos limitaremos, en esta ocasión, a la separación tradicional entre derivados y compuestos, si bien atenderemos a la distinción coseriana entre *modificación* y *desarrollo*, dentro de la derivación. El caso que nos ocupa, *emplazar* constituiría, desde este punto de vista, un desarrollo a partir del sustantivo *plazo*. Quede

s.v.), el sentido romance de *plazo* proviene, por abreviación, del sintagma usual *dies placitus*, esto es, 'el día fijado por la Autoridad para realizar un acto jurídico'. En la *Partida* III, título VII, ley 1ª, encontramos el sentido exacto que tiene en el texto:

> *Emplazamiento tanto quiere dezir como llamamiento que fazen a alguno que venga ante el judgador, a fazer derecho o a cumplir su mandamiento.*

Por tanto, el emplazamiento constituía el medio procesal normal para exigir la comparecencia de una persona ante la Autoridad judicial, bien fuera a instancia de parte (*a fazer derecho*), bien de oficio (*a cumplir su mandamiento*).

El emplazamiento debía hacerse siempre ante el juez competente. Y el juez competente, tanto en el Derecho común medieval, como en la *Ley de enjuiciamiento civil* y la *Ley de enjuiciamiento criminal*, viene regulado por diversos fueros, que guardan, en algunos casos —siempre que no se trate de fueros improrrogables— una determinada jerarquía entre sí y entre los que deben destacarse, entre otros, el fuero del domicilio del emplazado, el de la conclusión del contrato, el de la comisión del delito, etc. El emplazado debía, pues, comparecer ante el juez competente por fuero:

> *Emplazado seyendo algún ome delante del judgador que avia poderio de judgar le, si despues desso se partiesse de aquel logar para ir a morar a otro, que non fuesse de aquella juridicion...*(*Partida* III, título VII, ley 12ª).

Es por esto que, en 323a y en estrecha relación con el emplazamiento, aparece el fuero.[8] Como ha quedado expresado, en este caso, el término fuero no hace referencia a ningún corpus de

---

constancia, pues, de nuestra autolimitación en este terreno, sin desconocer la enorme complejidad e importancia de la formación de palabras.

[8] La ley 7ª del título II de la *Partida* I nos informa de que *el fuero a de ser en todo y sobre toda cosa que pertenezca señaladamente al derecho e a la justicia. E por esto es mas paladino que la costumbre ni el uso es mas concejero: ca en todo lugar se*

Derecho consuetudinario, a los fueros de que hablábamos en la Primera Parte, del tipo de Fuero de Jaca, Fuero Viejo de Castilla, Fueros de la Novenera, etc. Antes bien, el *emplazóla por fuero el lobo a la comadre* indica la jurisdicción donde habían de resolverse los procesos judiciales y señala al juez competente para ello, que, en esta ocasión, es el juez a quien compete la jurisdicción del pueblo en el que moran la cabra y el gallo. Es lo que hoy se denomina, en Derecho procesal, el *forum delicti commissi* o lugar de comisión del delito.[9] Esta localidad, imaginaria por supuesto, no es otra que Bujía, adonde el juez-alcalde don Simio había llegado poco tiempo antes, como veremos *infra*. La competencia del juez que debía conocer de la causa era —y sigue siendo actualmente[10]— un elemento tan importante, que la falta de competencia podía ser

---

puede dezir, e entender. E por ende a este nombre Fuero: porque non se deve dezir ni mostrar ascondidamente, mas por las plazas e por los lugares, a quier que lo quiere oyr. E los antiguos pusieron en latín forum, por el mercado do se ayuntan los omes a comprar e a vender sus cosas: e de este logar vino nom e Fuero quanto España.

[9]   En efecto, la palabra *fuero* (<lat. *forum*) presenta distintos empleos en la terminología jurídica. En la etapa altomedieval designaba, unas veces, un 'privilegio concreto que caracterizaba a una comunidad o estamento determinado'. De este uso queda, actualmente, el carácter de *aforados* de los miembros de nuestro Parlamento nacional, que sólo pueden ser juzgados por el Tribunal Supremo; antes, sucedía algo parecido con el clero secular y regular, que sólo respondían penalmente ante sus propios Tribunales. En otras ocasiones, *fuero* se entendía como un 'conjunto de normas', con independencia de que fueran dictadas por la autoridad legislativa o establecidas por vía consuetudinaria: son los distintos *Fueros* medievales (de Nájera, Jaca, Huesca, Pamplona, Valencia, etc.). Un tercer sentido, que es el que aparece en el texto, era propio del Derecho romano y se refiere a la *jurisdicción*, a la *iurisdictio*, la actividad propia del *iudex*, quien *dicta* el *ius*, esto es, 'pronuncia la ley'. Y ello porque era precisamente en el *forum* (espacio público equivalente al *ágora* ateniense) donde se desarrollaba la actividad judicial del pretor. Aún hoy se habla, en Derecho Internacional privado, de *forum*, para designar al 'juez competente', y de *ius*, para referirse al 'Derecho aplicable', que son cosas, evidentemente, distintas.

[10]   La antigua *Ley de enjuiciamiento civil*, promulgada por Real Decreto de 3 de Febrero de 1881, con carácter «provisional», en su art. 533 trataba de la *competencia judicial*. La inminente entrada de España en la Comunidad Económica Europea, la actual Unión Europea, obligó a la promulgación de la *Ley Orgánica 6/1985, de 1 de julio, del Poder Judicial*, donde se modificaban algu-

aducida por el demandado como excepción dilatoria, figura de la que trata el Arcipreste y veremos más adelante:

> *Defienden se los demandados a las vegadas de las demandas que les fazen poniendo defensiones ante si, que son de tal natura que aluengan el pleyto e non lo rematan. E llaman se en latin dilatorias ... E son estas (...) si emplazasen alguno delante de tal judgador, de cuyo fuero non fuesse* (*Partida* III, título III, ley 9ª).

En nuestro proceso, el juez competente no es otro que el alcalde don Simio, ante el cual hizo emplazar el lobo a la zorra.[11]

3. *El alcalde, el juez y otros funcionarios de la Administración de justicia*

A Don Simio se le denomina alcalde en el texto. En 325b nos especifica el lobo que es *alcalde ordinario*. En la composición encontramos frecuentemente esta voz de origen árabe (*qadi*, 'el que juzga', 'juez'). Únicamente en tres ocasiones, en el fragmento que nos ocupa, aparecen otras palabras: en 343b y 368a aparece *juez* y, en 348a, *juzgador*. Dada la premisa de que desconocemos la lengua árabe, cuya presencia en nuestros siglos medievales era intensa. Así, todo lo que digamos estará basado en la autoridad de Corominas, quien, según F. Corriente, tampoco era un experto en la materia. Aprovechamos la ocasión para dejar sentado que, entre los muchos conocimientos del Arcipreste, se encuentra también el

---

nos preceptos referidos al *forum* o competencia judicial. Y, por fin, 120 años después, se promulgó la nueva *Ley de enjuiciamiento civil* (*Ley 1/2000, de 7 de enero*), la cual no entró en vigor hasta el 7 de enero de 2001, ya que presentaba una *vacatio legis* de un año. No obstante, la situación con respecto a la competencia judicial, reformada en 1985, no presenta novedades destacables (*cf.* art. 416 y ss. de esta ley).

[11] Entendemos *emplazóla por fuero el lobo a la comadre* como una expresión de carácter 'factitivo', porque sólo el juez tenía competencia para realizar el emplazamiento. No entraremos por el momento en la distinción, familiar al Derecho actual, entre *plazo* y *término*, que será considerada *infra*.

del árabe: baste citar el nombre de la monja doña Garoza, que se ha interpretado como ár. *alaroça;*[12] y, a continuación, el episodio de la mora de quien se enamora «fallidamente» el Arcipreste (est. 1508-1512), donde aparecen varias palabras en árabe: *iznedrí, çodra, alvalá, legualá, alaúd, ascut, amxí.* Creemos, además, que el *ya amiga, ya amiga,* con que Trotaconventos saluda a la mora, recoge la interjección árabe *ya,* equivalente a la nuestra *oh* con vocativo, como si dijera *oh, amiga.* Y, después de ser rechazado por la mora y antes del *planctus* por la muerte de Trotaconventos, Juan Ruiz nos informa de *en quales instrumentos non conviene los cantares en arávigo,* donde encontramos expresiones como *aman çaguil hallaco,* además de los nombres de los instrumentos como *albogues, bandurria, zampoña.*[13]

Ahora sigamos con *alcalde.* Corominas señala que la palabra empieza a documentarse a finales del siglo XI, pero su uso no es frecuente hasta el siglo XII. En las *Partidas* se prefiere, por influencia del Derecho romano, *juez* y *juzgador,* aunque, a veces, se utiliza también *alcalde.*[14] En estas ocasiones, *alcalde* se toma, como en el caso de nuestra fábula, como sinónimo de *juez,* que etimológicamente procede del sustantivo compuesto *iudex,* como nuestro *juzgar* de *iudicare.* Este uso sinomímico estaba justificado

---

[12]   Véase GYBBON-MONYPENNY ([1988]1990: p. 398) nuestro *textus receptus,* en su comentario a 1392c, donde se refiere a la explicación ofrecida del nombre de doña Garoza por J. OLIVER ASÍN (1950: pp. 389-421), que identifica *alaroça* con ár. *al-<arusa,* 'la novia' y *Garoza* con *<arusa,* sin artículo.

[13]   No podemos detenernos más en un aspecto que desconocemos, pero parece seguro que el Arcipreste sabía árabe. Entre los diversos nombres de la zorra, por ejemplo, está, además de *raposa, vulpeja,* el supuesto arabismo *gulhara (gulharra),* aunque COROMINAS y otros piensan que su etimología se relaciona con la palabra germánica *wolf.* También parece fuera de duda su conocimiento del francés, de lo que sirve de ejemplo el episodio de Pitas Payas, el pintor de Bretaña, lleno de galicismos: *dona, volo, portaré, muita dona, monseñer, madona, si vos plaz, ajam, trobo.* Y eso sin que hagamos referencia a toda la polémica de la recepción de *la fin'amors* o *amor cortés* en el *Libro de buen amor.*

[14]   Véase, por ejemplo, la ley 4ª del título III de la *Partida* III, donde leemos: *Responder non deve el demandado en juyzio, ante otro alcalde, sino ante aquel, que es puesto a judgar la tierra.*

porque, durante la Edad Media, todos estos términos hacían referencia a la misma realidad: el funcionario o la autoridad judicial. La extensión administrativa de las funciones del alcalde, que daría lugar a lo que hoy conocemos como tal, vendría más tarde.

Don Simio es alcalde, pero alcalde ordinario. Los *alcaldes* o *jueces ordinarios* ocupaban una posición concreta dentro de la jerarquía judicial: eran nombrados por el Rey y conocían de todas las causas, civiles y penales, que se presentaran en el lugar correspondiente a su jurisdicción. De ello nos informa la ley 1ª del título IV de la *Partida* III: *E todos estos juezes, que avemos dicho, llamanlos en latin ordinarios, que muestra tanto, como omes que son puestos ordinariamente para fazer sus oficios que han de judgar, cada uno en los logares que tienen.* Y la ley 2ª del mismo título y libro insiste en que los *Emperadores o reyes han poder de poner aquellos que son llamados ordinarios.*[15] Jerárquicamente superiores y encargados de conocer de las apelaciones contra las sentencias de los jueces ordinarios, se encontraban los *adelantados*.[16] Estos se constituían como vicarios del rey en el oficio de juzgar. Subordinados a los adelantados y a los jueces ordinarios estaban los *jueces delegados*, que, como su propio nombre indica, sólo actuaban previa delegación de competencias, si bien tal delegación podía ser objeto, en cualquier mo-

---

[15] El poder legislativo y judicial de los reyes, que se mantuvo hasta que la Revolución francesa consagró la división de poderes, aparece, por ejemplo, en las estrofas 142 y 371, respectivamente, del *Libro de buen amor*:

> *Çierto es que el rey en su regno ha poder*
> *de dar fueros e leyes, e derechos fazer;*
> *desto manda fazer libros e quadernos componer,*
> *para quien faze el yerro, qué pena deve aver* (est. 142)

> *A esto dixo el alcalde una sola responsión:*
> *que él avíe poder del rey en su comisión,*
> *espeçial para todo esto, e complida jurisdiçión* (est. 371)

[16] El término *adelantado*, según F. CORRIENTE (1997: *s.v.*) es un calco léxico del ár. *al-muqaddam*, que ha dado también nuestro *almoacén* y *almocadén*, cuyo significado podemos entrever por la expresión latina *praepositus* (nuestro *preboste*): 'en la milicia antigua, caudillo o capitán de tropa de a pie'.

mento, de revocación por parte del poder delegante.[17] Fuera de la jurisdicción real, existían los *árbitros* o *jueces avenidores*, nombrados por las partes litigantes, que podían actuar, bien como los jueces ordinarios, conforme a las reglas procesales contenidas en las *Partidas*, bien, simplemente, según su albedrío.[18] La presencia de esta figura en el corpus alfonsino debe entenderse, según nuestra opinión, como una concesión a la próximo-pasada tradición jurídica, al Derecho de la etapa altomedieval. Claro es que se trata de una concesión con limitaciones, ya que los albedriadores sólo podían conocer de causas menores.

En el proceso que nos ocupa, además de presentarnos a don Simio como alcalde ordinario, Juan Ruiz nos determina su jurisdicción y nos describe psíquicamente al personaje. Don Simio era, como sabemos, alcalde ordinario de Bujía. Corominas (1967: p. 150) es el estudioso que, con mayor profundidad, se ha ocupado de esta cuestión y nos habla de la intención del Arcipreste de relacionar al juez-mono con el enclave norteafricano de Bujía, de donde procedían estos animales que se vendían en Europa como divertimento cortesano. Para apoyar su tesis se fundamenta en el testimonio del catalán, en que *bogiot* y *bogia* son los nombres del mono y la mona, respectivamente, documentados además desde el siglo XIV.[19] Esta opinión parece menos forzada que la de Chiarini, que veía en Bujía un trasunto de la palabra italiana *bugia*, 'mentira', entendiendo, entonces, *alcalde de Bugía* como 'alcalde de mentira'.

---

[17]   La ley 21ª del título IV de la *Partida* III establece: *Poder han los delegados, de librar los pleytos, en la manera que les fueren encomendados. Assi como en la ley ante desta mostramos. Pero este poderío se desata por alguna destas razones, que aquí diremos. La primera es si aquel que gelo mando oyr, revoca el mandamiento.*

[18]   *La otra manera de juezes de avenencia es la que llaman en latín arbitradores, que quiere tanto dezir como alvedriadores, e comunales amigos: que son escogidos por avenencia de amas las partes, para avenir e librar las contiendas que ovieren entre si, en cualquier manera que ellos ovieren por bien,* según reza la *Partida* III, título IV, ley 23ª.

[19]   Sabemos, además, que esta *o* átona se pronuncia *u* en catalán, con lo cual la palabra no presenta problema etimológico alguno. También JOSET, en su edición, subraya la importancia del puerto argelino de Bujía en la época, cuando era un centro estratégico para el comercio mediterráneo.

Por lo que se refiere a los atributos del juez, resulta interesante el contraste *sabidor/sabio*, procedentes de lat. *sapere* (con sufijo *-dor*; de hecho se documenta *sapitor*) y *sapidus*, respectivamente, y, por tanto, del mismo origen que nuestro *saber*.[20] Corominas piensa que ambos términos son sinónimos y que *sabidor* supone una formación anómala por contaminación con *sabido*; pero nosotros no vemos siquiera un uso sinonímico en este caso, ya que *sabio* tiene un alcance más general, que podría glosarse como 'el que tiene muchos y profundos conocimientos', en tanto que *sabidor* tiene un sentido más restringido, 'el que tiene muchos conocimientos de una técnica concreta, perito en algo'.[21] Por decirlo con palabras del profesor Trujillo (1970: 290-291): «*sabio* abarcaba el saber superior (el divino y el de los antiguos), el saber concreto de las

---

[20]　En latín clásico *sapere* era 'saborear, tomar el sabor a algo', mientras que nuestro 'saber' se decía *scire*, de ahí nuestros dos sentidos de *saber*. *Cf.* COROMINAS-PASCUAL (1989: *s.v.*)

[21]　*Cf.* R. TRUJILLO (1970: pp. 259-330 y, esp., pp. 285-291, y pp. 507-510) donde se trata *in extenso* de la oposición *sabio/sabidor* y se cita precisamente nuestra estrofa 323, para precisar la diferencia: «Citamos de manera más completa que Aguado porque también se llama 'sabio' a don Ximio. Nos parece, con todo, que aquí 'sabydor' tiene más bien el sentido de 'entendido, perito', antes que el de 'sabio', que aparece luego, aunque restringido a la idea de 'experiencia grande de la vida'. Como don Ximio tenía gran experiencia en los negocios, se le busca como perito para que resuelva un problema concreto. Según otro ejemplo citado por Aguado, tiene también este valor de 'perito' o 'entendido' en algún saber concreto: *Con omes sabydores en fuero e derecho* (est. 351c). (...) Es notable que nunca aparezca 'sabidor' para el saber más alto, más noble, para el saber divino o para el de las más 'altas ciencias'. 'Sabio', en cambio, como ya vimos, abarca los dos valores en esta época, pero principalmente el superior, para el que 'sabidor' no parece emplearse.
Los ejemplos que hemos visto parecen indicar:
a) que 'sabio' abarcaba el saber superior (el divino y el de los antiguos), el saber concreto de las ciencias humanas e, incluso, el saber de la experiencia;
b) que 'sabidor' se refería a la noción de 'entendido o perito en algo' y podía extenderse hasta la noción del saber de las ciencias humanas» (pp. 289-290).
Esta obra del profesor TRUJILLO, que constituyó su Tesis Doctoral y que no suele ser una de las más citadas, nos ha sido de gran utilidad en el análisis y comprensión de numerosos vocablos, sobre todo adjetivos, usados en la fábula. No olvidemos que los tres protagonistas, la zorra, el lobo y el simio, suelen

ciencias humanas e, incluso, el saber de la experiencia; (mientras) que *sabidor* se refería a la noción de 'entendido o perito en algo' y podía extenderse hasta la noción del saber de las ciencias humanas. (...) Esta diferencia inicial entre *sabidor* y *sabio* (...) se explica naturalmente por la etimología de ambas palabras. *Sabidor* es derivado de *saber* (Corominas), de donde su primitivo sentido de 'que sabe alguna cosa, perito', e, incluso, 'sabio'; mientras que *sabio* deriva de *sapidus*, con lo que el punto de partida semántico es 'prudente, juicioso'. Ya vimos como estos dos contenidos se relacionan y se oponen entre sí».[22]

Sabidor, pues, en esta época, se denominaba al que tenía conocimientos de Derecho. Así lo encontramos en la propia fábula: *con*

---

representar la «inteligencia» y la «astucia» en las fábulas, si bien cada uno a su manera, de modo que no sorprende el frecuente uso de términos referidos a la valoración intelectual: *sutil, fino, ligero, sabio, sabido, sabidor, letrado*, etc. Y todos vienen recogidos en esta obra y, además, debido a que es un estudio diacrónico, como sucedía con las primeras investigaciones en campos, pueden cotejarse los usos en el siglo XIV, el que ahora nos interesa.

[22] Aquí se nos dice que la oposición entre *sabio* y *sabidor* ('sabio'/'entendido en algo, perito') se mantuvo a pesar del cambio semasiológico experimentado por *sabidor* ('perito' —> 'enterado eventualmente de algo'), gracias a la existencia de otros términos que cubrían su sentido de 'perito' (*entendido, letrado* y, más tarde, *perito*). La existencia de estos elementos fue, precisamente, lo que permitió que *sabidor* se especializara en el sentido que hoy tiene *sabedor*, 'enterado eventualmente de algo'. Sin embargo, por lo poco que sabemos, al menos en los textos que hemos consultado de la segunda mitad del siglo XIII y del XIV, *sabidor* tiene un sentido restringido al ámbito jurídico y se aplicaba a 'quien poseía conocimientos de Derecho'. Esto no significa que, anteriormente (siglo XI —si se puede mantener, después de los estudios de C. SMITH, que el *Cantar de mio Cid* es tan antiguo—, siglo XII y primera mitad del XIII), *sabidor* no tuviera el sentido más amplio que documenta el mismo profesor TRUJILLO y que glosa como 'el que posee cualquier saber' (1970: p. 510), pero, en los ejemplos que nos ofrece en su Tesis Doctoral, presenta siempre el sentido de 'perito en Derecho': así, por ejemplo, en Berceo, *sabidor legista* (*ibid*. p. 291). No nos acabamos de convencer, sin embargo, de que nuestro actual *sabedor* derive del antiguo *sabidor* sin más, aunque conocemos «alternancias» del tipo *comilón/comelón*. Tampoco, al menos en nuestra *competence*, la palabra *sabedor* puede glosarse como 'enterado eventualmente de algo', sino que lo hemos oído, aplicado sobre todo a niños o a adultos tratados, en ese momento, como niños,

omnes sabidores en fuero e en derecho (estr. 351c) y en numerosos pasajes de las *Partidas*. Por tanto, don Simio no sólo era alguien con conocimientos y experiencias que le permitían tener buen criterio y adoptar decisiones acertadas, sino que era, frente a los juzgadores habituales de la etapa altomedieval, un profesional del Derecho, un técnico. En este sentido, se nos dice también que era un juez *sotil* y *sabio*, esto es, que «hilaba fino» en sus pronunciamientos. De todas estas cualidades atribuidas a don Simio se deriva el que nuestro juez nunca se sentara a juzgar en vano, sin acierto, o lo que es lo mismo, sin base jurídica y con falta de intelegencia.

Ésta es nuestra interpretación de *nunca seía de balde*. Está claro que *seer* está usado como un tecnicismo jurídico. El lat. *sedere* 'estar sentado', origen de nuestro *ser*, tuvo, en la lengua del Derecho, el sentido preciso de 'juzgar', porque el *iudex* se sentaba a juzgar entre las partes y, desde su asiento, declaraba su sentencia. De ahí, el actual *sobreseer*, generalmente aplicado a una causa. Lo que puede presentar problemas es la locución adverbial *de balde*. Corominas, en su edición del *Libro*, ha visto un «doble sentido» en la expresión, entendiendo que *de balde* equivale a un *gratis*: supone, así, que el Arcipreste aludía a la venalidad de los jueces, a su costumbre de recibir sobornos. No nos parece, en esta ocasión, acertada su hipótesis, puesto que, tanto por el contexto, como por el cotexto (para emplear un concepto de la Pragmática, que tanto debe a la antigua Retórica), esto es, por la presentación y el comportamiento de don Simio a lo largo del proceso, parece deducirse lo contrario. De hecho, como veremos, don Simio hace oídos sordos a los intentos de cohecho de ambas partes.

---

para referirse a una especie de 'astucia' o de 'sabiduría o inteligencia para algo muy concreto'. Por ejemplo, cuando un niño logra salirse con la suya en algo que, en este caso, no cuenta con la total aprobación de su madre o un pariente, este pariente dice a otra persona, con una mezcla de admiración y contrariedad fingida: *¡Es un sabedor!*. Es el sentido que recogen, por ejemplo, A. LORENZO, M. MORERA y G. ORTEGA (1994, *s. v.*).

4. *La acusación formal: el escrito de acusación*

Fizo el lobo demanda en muy buena manera:
apta e bien formada, clara e bien çertera.
teníe buen abogado, ligero e sotil era:
galgo, que de la raposa es grand abarredera.

«Ante vos, el mucho honrado e de grand sabidoría,
don Ximio, ordinario alcalde de Buxía,
yo, el lobo, me querello de la comadre mía:
en juizio propongo contra su malfetría.

E digo que agora, en el mes que pasó de febrero,
era de mill e trezientos, en el año primero,
regnante nuestro señor el león mazillero,
que vino a nuestra çibdat por nombre de monedero,

En cassa de don Cabrón, mi vassallo e quintero,
entró a furtar de noche por çima del fumero;
sacó furtando el gallo, el nuestro pregonero;
llevólo e comiólo a mi pessar en tal ero.

De aquesto la acuso ante vos, el buen varón.
Pido que la condenedes, por sentençia e por al non,
que sea enforcada e muerta como ladrón,.
Esto me ofresco provar, so pena de talión».

Seyendo la demanda en juizio leída,
fue sabia la gulpeja e bien aperçibida:
«Señor, diz, yo só siempre de poco mal sabida
dat me un abogado que fable por mi vida».

Tal como se señala en las *Partidas*, el proceso penal podía incoarse de oficio,[23] por denuncia[24] o mediante acusación.[25] El pro-

---

²³ Véase *Partida* VII, título I, ley 28ª: *De su oficio puede el rey o los judgadores, a las vegadas estrañar los malos fechos, maguer non los aperciba ninguno, nin sea fecha acusación sobre ellos.* La *actuación de oficio,* como sucede hoy en día, queda

cedimiento de oficio no presenta mayores problemas, puesto que, como es de sobra conocido, en la actualidad es la forma más normal y corriente de perseguir los delitos, los cuales son considerados como un atentado contra los bienes jurídico-públicos. Y, en este sentido, sobrepasan la esfera individual de la víctima e interesan a toda la comunidad. Claro está que, en las *Partidas*, y en todo el Derecho hasta la Revolución Francesa y la Edad Contemporánea, esta persecución de oficio sólo era posible en unos supuestos tasados.[26] La denuncia constituía una fórmula intermedia entre la incoación de oficio y la acusación: con ella únicamente se informaba a la autoridad judicial de la comisión de un delito. El juez, posteriormente y si lo consideraba oportuno, debía continuar de

reservada a las autoridades, las cuales, en cuanto tengan conocimiento de un delito, deben actuar y perseguir al supuesto delincuente.

No hemos dicho hasta ahora que los dos libros de las *Partidas* más importantes para este trabajo son el tercero, que trata de Derecho procesal, y el séptimo, que recoge el Derecho penal. En una investigación filológica no podemos más que aproximarnos a dar explicación somera del proceso civil y penal. Sin embargo, debemos hacer mención de una circunstancia: hasta la época moderna no se establece una clara y tajante distinción entre el proceso civil y el proceso penal. Lo normal es que se siga el proceso civil, tomado como general, en este caso desarrollado extensamente en la *Partida* III, si bien con las necesarias puntualizaciones de Derecho penal, contenido en la *Partida* VII, por tratarse, en el caso que nos ocupa, de un hurto, de un delito.

[24] *Ibid.*, ley 27ª: *Muestran los omes a las vegadas al rey el fecho de la tierra, apercibiendolo de los yerros e de las malfetrias que se fazen en ella.*

[25] *Ibid.*, ley 2ª: *Acusar puede todo ome que non es defendido por las leyes de este nuestro libro.*

[26] *Cf. Partida* VII, título I, ley 28ª: *De su oficio puede el rey o los judgadores a las vegadas estrañar los malos fechos, maguer non los aperciba ninguno (...) E esto puede fazer en cinco casos: el primero es si alguno aduyesse a sabiendas falsa carta a alguno de los judgadores, e usasse della para provar lo que demanda, o para defenderse de lo que le demandassen. El segundo, si fallasse algun testigo por falso en el testimonio que dixesse ante el. El tercero es quando algun malfechor anda faziendo algun mal recaudo, furtando o faziendo otros yerros manifiestamente, de manera que los saben los omes de aquellos logares (...) El quarto es, quando fallase que alguno que avía acusado a otro se moviera maliciosamente a lo fazer, e non podia provar aquello de que lo acusava (...) El quinto es quando sopiesse ciertamente, que alguno era guardador de huérfanos e usasse mal de la guarda, a daño dellos.*

oficio, llevando a cabo las pesquisas que fueran necesarias para determinar la veracidad, o no, del hecho denunciado. El denunciante, por tanto, podía ser cualquiera y no estaba obligado a mostrarse en el proceso como parte.[27] Y, generalmente, no recibía castigo, aunque el delito no resultara probado,[28] ya que correspondía a la autoridad judicial, en última instancia, decidir si seguía, o no, de oficio con el encausamiento del denunciado. Por último, la acusación, según se desprende de las *Partidas* podía efectuarla cualquier individuo,[29] y el juez, ante la acusación, expuesta en el escrito de querella, tenía que incoar el proceso. Pero, este procedimiento era enormemente gravoso, ya que, en contraste con la denuncia, sobre el acusador pesaba la carga de la prueba, esto es, debía probar la veracidad de la acusación. Y, por supuesto, caía sobre él también la imposición de un castigo, si la prueba estaba viciada o resultaba

---

[27] A este respecto es interesante tener en cuenta la glosa de Gregorio López a la citada ley 27ª del Libro 1º de esta *Partida* VII (señalada con la letra *d* «Muestran los omes»; el texto de la ley está recogido *supra*, en la nota 24). El glosador se muestra un tanto sorprendido de que esta ley admita como denunciante a toda persona, ya que en el Derecho romano (si bien se admitía la acusación) sólo se admitía la denuncia de un funcionario judicial. Pero, reconoce que este precepto es un influjo del Derecho canónico, donde cualquiera podía acusar y denunciar. Exactamente dice lo que sigue: *videtur haec lex omnibus hominibus de populo permittere ut denuntient crimina. De iure antiquo non admittebatur denuntiatio, nisi per officialem ..., nam de iure canonico quilibet qui potest accusare, potest et denuntiare.*

[28] En esta misma ley 27ª, de la que venimos hablando, se precisa que: *e quando este apercibimiento, fazen tan solamente por desengañarlos* [al rey y a los juzgadores], *non en manera de acusación, non son tenudos de provar aquello que dizen ... nin darles pena por ello.*

[29] Como señalamos en la nota 32, donde se recogía la ley 2ª, *acusar puede todo ome que non es defendido por las leyes de este nuestro libro.* Y, más adelante, la ley 13ª del mismo título y Libro nos informa de que *llegándose muchos omes en uno delante del judgador para acusar a un ome solo, de un yerro que dixiessen que oviesse fecho, non deve recebir la acusacion de todos nin el acusado non es tenudo de responder a ella. E porende deve el juez catar, e escoger el uno dellos, el que entendiere que se mueve con mejor intencion, que faga la acusacion: e entonce al acusamiento de aquel, deve responder el acusado.* Lo cual incide en la individualidad del acusador, que tiene que responder penalmente, si la acusación no resulta probada.

insuficiente. El castigo no era otro que el que hubiera correspondido al acusado, si se hubiere constatado el hecho delictivo que constituía el objeto de la acusación.

Y, precisamente, la acusación fue el medio procesal utilizado por el lobo. La propia existencia de la demanda ya lo muestra claramente, pues, tanto en el caso de la persecución de oficio, como en el de la denuncia, no se hacía necesaria la presentación de demanda, al depender del arbitrio judicial el que se incoara o no el proceso. A un letrado del siglo XXI le puede resultar extraño el hecho de que la acusación se formalizara a través de una demanda, puesto que, en la actualidad, la demanda es el instrumento procesal típico de los procesos civiles y los procesos penales, en la mayor parte de los casos, son promovidos de oficio.[30] Pero ocurre que, en las *Partidas* (y, prácticamente, en todo el Derecho hasta el siglo XIX), no hay una delimitación clara entre proceso civil y proceso penal-acusatorio, de forma que ambos se vehiculaban a través de un mismo procedimiento, de un único instrumento procesal. De hecho, la demanda de acusación[31] no era más que una especialización de la demanda civil. Es por ello que en la *Partida* VII, dedicada al Derecho penal, encontramos frecuentes remisiones al procedimiento común, esto es, al procedimiento propiamente pensado para la materia civil y regulado en la *Partida* III.

---

[30] En efecto, las figuras jurídicas de la *denuncia* y la *querella* de la víctima o perjudicado por el delito son sólo necesarias, hoy en día, para unos pocos y determinados delitos, a saber, los llamados *semipúblicos* y *privados*, como la injuria o la calumnia. Además, en los delitos *privados* y en algunos *semipúblicos*, tanto la acción como la pretensión penales se extinguen con el simple perdón del ofendido, ya que hay un poder de disposición total y absoluto por parte del ofendido. En los otros supuestos de delitos *semipúblicos* tan sólo hay una disposición relativa por parte del ofendido, ya que, a éste le corresponde la incoación del proceso a través de la denuncia, pero una vez hecha ésta, ya no serán «dueños» de la pretensión penal, quedando invalidado, por tanto, «el perdón del ofendido».

[31] *Cf. Partida* VII, título I, ley 30ª: *Mas el judgador deve guardar que en el tiempo que el acusado oviere de responder a la primera* <u>*demanda de acusacion*</u> *que non lo apremie a la que fue fecha despues* (el subrayado es nuestro).

La demanda del lobo es la plasmación de este régimen «mixto», contenido en el código alfonsino. En primer lugar, el narrador nos informa de que el lobo presentó una demanda correctísima, es decir, *apta y bien formada*.[32] En el Derecho romano existían las figuras de la *actio apta* e *inepta*. Una demanda era *apta* cuando carecía de defectos de forma que dieran lugar a lo que modernamente se denomina *inadmisión a trámite*. Esto significa que, para ser aceptada por el juez, toda demanda debía contener los elementos exigidos legalmente como constitutivos de cualquier demanda. Y la del lobo lo era. Además de *apta* se nos predican otras tres cualidades de este escrito. Así, también se nos dice que era *bien formada*. Entendemos que se refiere a que, además de contener los prerrequisitos legales, éstos se hallaban dispuestos en su orden, siguiendo la estructura legalmente establecida. Por su parte, el adjetivo *clara* parece derivarse de las dos características primeras y del hecho de que el lenguaje utilizado era inteligible y ajustado para exponer las pretensiones del actor o demandante; en tanto que *çertera* parece aludir al carácter escrito de la demanda,[33] requisito fundamental de las demandas criminales, según las *Partidas*, puesto que *la más çierta es la que por escrito se faze, porque non se puede cambiar nin negar, como la otra*.[34] Por ello, la *Partida*

---

[32]　En este caso (est. 324b), estamos totalmente de acuerdo con la enmienda de COROMINAS, que da la lección *apta* a partir del *abta* que aparece en 352b del ms. de Gayoso. En cambio, GYBBON no corrige el texto y mantiene el *acta* del manuscrito de Salamanca, a pesar de que, en otras ocasiones, prefiere las lecciones de G y enmienda S. Y eso que, en nota a 324b (pp. 171-172 de su edición), demuestra entender perfectamente el texto y habla de los términos *actio apta* y *actio inepta* en Derecho romano. Es más, cree que *acta* se debe a una confusión entre los vocablos *apta* y *actio*. En todo caso, la contaminación es obra del copista de S, a quien se atribuyen también, por ejemplo, los supuestos «leonesismos» de Juan Ruiz. Como vamos viendo, los conocimientos jurídicos del Arcipreste quedan fuera de discusión. Y el *abta* de G (en 352b, no en este caso, pues, como hemos dicho, faltan los 37 versos del comienzo) es una prueba de ello.

[33]　*Cf.* la alternancia con el adjetivo *çierta*, que se aprecia en la est. 352a, también referido a la demanda.

[34]　*Cf. Partida* III, título II, ley 11ª. El segundo miembro de la comparación

VII exige que *quando algún ome quisiere acusar a otro deve lo fazer por escrito*. La corrección de la demanda se desprende, asimismo, de la circunstancia de que el lobo disponía de un buen abogado que lo asesorara: el galgo, que aparece magistralmente descrito por los adjetivos *ligero e sotil*, que presentan aquí al menos un doble sentido, pues ligero es el galgo por su poco peso, pero también por su celeridad, sobre todo al correr tras los zorros en los días de caza: *galgo, que de la raposa es grand abarredera*; y pensamos que, al explicar estos dos adjetivos la expresión *buen abogado*, también alude este *ligero* a lo que, en aquella época, se decía *delgado*, con el sentido de 'vivo', 'ágil mentalmente'.[35] En esta misma línea, el galgo es *sutil* por su delgadez y, desde el punto de vista «subjetivo», por su agudeza mental, característica que ha sido igualmente atribuida a don Simio.

Las estrofas 325-328 nos muestran el contenido de la demanda. Ésta, como ya nos había anunciado el narrador, recoge los elementos señalados en las *Partidas* para que una demanda pudiera *ser fecha derechamente*: la primera, *el nome del juez ante quien deve ser fecha* (en nuestro caso, *Ante vos, el mucho honrrado e de grand sabidoría/ don Ximio, alcalde de Bugía*); la segunda, *el nome del que*

---

como la otra hace referencia a los pleitos por una cuantía inferior a diez maravedíes: *Escrita tovieron los antiguos por bien que fuesse fecha toda demanda que oviessen a fazer de diez maravedís arriba, o de cosa que lo valiesse. Mas deuda ayuso non ha el demandador, por que la fazer en escrito si non quisiere* (*ibid.*, ley 12ª). Y, además, la ley 14ª del título I de la *Partida* VII (dedicada, como sabemos ya, al proceso penal, como sucede en el caso que nos ocupa, lo reafirma claramente: *Quando algun ome quisiere acusar a otro deve lo fazer por escrito porque la acusacion sea cierta e non la pueda negar nin cambiar el que la fiziere*.

[35]   *Cf.* R. TRUJILLO (1970: pp. 166-167), donde se trata de *delgado*, no de *ligero*, que no aparece en este estudio. Con respecto a *delgado* y a su acepción antigua (hasta el siglo XVII) de 'agudo, sutil, ingenioso', dice R. TRUJILLO que «en el siglo XIV debía ser frecuente este matiz ... A esta época pertenece el otro ejemplo que aduce el *Diccionario de Autoridades*. Los ejemplos que cita Aguado en la obra de Juan Ruiz, no aparecen como cualificadores de ninguna cualidad intelectual» (p. 167). Hemos echado de menos un índice de términos en esta obra primera del profesor TRUJILLO, pues hay que leer todo el cuerpo del texto (cosa que, por otra parte, nos ha resultado sumamente provechosa)

la faze (en la fábula, *Yo, el lobo, me querello*);[36] la tercera, *el de aquel contra quien la quiere fazer* (ahora, *de la comadre mía*);[37] *la quarta, la cosa o el fecho que demanda* (tenemos: *en juizio propongo contra su malfetría*); *la quinta, por que razon la pide* (así, seguidamente vienen el *petitum* y la razón: *Pido que la condenedes por sentencia e por ál non/ que sea enforcada e muerta como ladrón*). ¿Necesita este paralelismo algún otro comentario que no sea el de la explicación de los tecnicismo jurídicos?

Detengámonos, pues, en hacer algunas precisiones al contenido y terminología de la demanda. En primer lugar y respecto al cuarto requisito, referido a *la cosa o el fecho que demanda*, el precepto de la ley 11ª del título II de la *Partida* III, que hemos transcrito y es de carácter general, tiene que completarse con lo dispuesto en la ley 14ª del título I de la *Partida* VII, destinado específicamente a los procesos penales, como es el caso. En esta última ley podemos leer: *...en la carta de acusación deve ser puesto [...] el yerro que fizo el acusado, e el lugar do fue fecho el yerro de que lo acusa, e el mes, e el año, e la era en que lo fizo*. Y este «yerro que fizo», de la *Partida* VII, se corresponde con aquel «fecho que demanda», de la *Partida* III; pero habíanse de expresar aquí, en este proceso penal, también las otras circunstancias exigidas y que, en nuestro Derecho moderno, se conocen como *antecedentes de hecho*, esto es, las indicaciones

---

para encontrar la palabra que buscamos. Si se reeditara, sería de agradecer la adición de tal índice.

[36]   *Cf.* con el ejemplo de demanda contenido en la *Partida* III, título II, ley 11ª: *Ante vos don Fulan juez de tal logar: yo tal ome me querello de Fulan, que me deve tantos maravedís. Pido que le demandedes por juyzio que me los de. E esta manera misma deven tener todas las demandas que se fazen en juyzio, mudando las razones, segun fuere la natura de las cosas que quieren demandar.* Como en el caso de la prisión del Arcipreste, que comparábamos con el *Poema de Fernán González*, la comparación con el texto de las *Partidas* pone de relieve hasta qué punto llegan los conocimientos y la sabiduría de Juan Ruiz.

[37]   La palabra *comadre* aparece tres veces, en nuestro texto, referida a la zorra. En las dos primeras ocasiones, es comadre del lobo. En el último, de su abogado, el mastín ovejero. Creemos que la zorra es la «comadre natural» del lobo y, de hecho, en esta fábula, son ambos como la sartén y el cazo.

espaciales, temporales y de cualquier otra naturaleza relacionadas con el hecho. Veamos detalladamente todas estas circunstancias.

El término *yerro* (>lat. *errum*) no aparece en el texto; en su lugar tenemos *malfetría*, palabra utilizada frecuentemente en las *Partidas* como sinónimo de *yerro* y con el sentido técnico de 'crimen' o 'delito'. *Malfetría* es un vocablo bastante transparente aún en nuestra época: procede de la expresión latina *male facere*. A partir de ahí surgen el *nomen agentis malefactore(m)*, que ha originado el ant. *malfechor* y el moderno *malhechor*, y el *nomen actionis malefactoria*, que derivó en *malfetría*, a través de *mal(e)feit(o)ria*. El paralelo con *bienhechor* y *behetría* (ant. *be(n)fetría*) es evidente. El significado de *malfetría* era el de 'mala acción' y el sentido técnico de 'delito' no ofrece mayor dificultad.

El *logar do fue fecho el yerro* también está expresado: *en cassa de don Cabrón*, momento en que nos enteramos todos dónde se cometió el delito. Llama la atención que aparezca ahora don Cabrón como víctima, cuando en 321a se menciona como tal a una vecina de la zorra, no a su marido. Esta pequeña «discordancia» se debe a que, en 321a, no había adoptado el autor una perspectiva estrictamente jurídica, mientras que, ahora, al incluirse este dato en el escrito de demanda, se hacía necesaria la precisión técnica. Puede que, además, haya algún otro motivo, quizá de carácter jocoso, que haya impulsado al narrador a aludir, en principio, a doña Cabra, y, luego, a nombrar expresamente a don Cabrón. Un dato que nos resulta problemático es el estatus jurídico-político que atribuye el lobo a don Cabrón: *mi vassallo e quintero*. *Quintero* suele entenderse como 'colono por arriendo' y parece implicar que don Cabrón era aparcero en las tierras del lobo; pero *vassallo* supone una relación de dependencia de tipo feudal entre ambos que no «casa» muy bien, a lo que sabemos, con el colonato.

El feudalismo, según F. L. Ganshof, tiene dos acepciones principales y relacionadas entre sí:

> [...] con respecto a la primera, se puede concebir el feudalismo como un tipo de sociedad cuyos caracteres determinantes son: un desarrollo elevado a grandes extremos de los lazos de dependencia de hombre a hombre, con una clase de guerreros especializados

que ocupan los peldaños superiores de dicha jerarquía; una fragmentación extremada del derecho de propiedad; una jerarquía de los derechos sobre la tierra nacidos de dicha fragmentación, jerarquía que corresponde a la misma jerarquía en los lazos de dependencia personal que acabamos de mencionar; una fragmentación del poder público que crea en cada país una jerarquía de instituciones autónomas, que ejercen en interés propio los poderes atribuidos normalmente al Estado y, a menudo, la misma fuerza efectiva de éste en una época anterior. Este tipo de sociedad, que a veces se llama también «el régimen feudal», es el que conoció la Europa occidental en los siglos X, XI y XII. Es propio de ... Francia, Alemania, el reino de Borgoña-Provenza, la Italia de la época y también de ... Inglaterra, ciertos reinos cristianos de España y los estados latinos del Próximo Oriente. (...) Los malogrados J. Calmette y M. Bloch han preferido al término feudalismo la expresión sociedad feudal. Esta distinción ... tendría la ventaja de poder limitar el uso de la palabra feudalismo a los casos en que deba admitirse la otra acepción de la misma. De acuerdo con esta segunda acepción, puede definirse el feudalismo como un conjunto de instituciones que crean y rigen obligaciones de obediencia y servicio —principalmente militar— por parte de un hombre libre, llamado «vasallo», hacia un hombre libre llamado «señor», y obligaciones de protección y sostenimiento por parte del «señor» respecto del «vasallo», dándose el caso de que la obligación de sostenimiento tenía, la mayor parte de las veces, como efecto la concesión, por parte del señor al vasallo, de un bien llamado «feudo». Acepción más técnica y mucho menos amplia que la primera; acepción que puede calificarse de jurídica, mientras que la primera es sobre todo social y política.[38]

Por su parte, «el vasallaje, elemento personal en las relaciones feudo-vasalláticas, debió considerarse el elemento esencial en la época clásica del feudalismo (siglos X-XII), a despecho de la creciente importancia adquirida por el elemento real (el feudo) [...]. Las relaciones de vasallaje emanan del contrato que hemos en-

---

[38] *Cf.* F. L. GANSHOF (1985, pp. 15-17). Hemos citado *in extenso* a GANSHOF por ser su obra de reconocido prestigio y de autoridad indiscutible.

contrado ya en la monarquía franca de época carolingia».[39] Del contrato de vasallaje precisaremos, resumiendo mucho, que es sinalagmático, en tanto que genera obligaciones para ambas partes, formal y solemne, esto es, que supone la ejecución de unos actos para su validez y efectos. Los actos que constituyen la relación de vasallaje son: el homenaje, el juramento de fidelidad y el beso (este último no era un elemento esencial), redactándose a menudo un acta escrita del contrato. Entre los efectos del contrato de vasallaje deben citarse, ante todo, las obligaciones de las partes: el vasallo debe fidelidad a su señor y está obligado a prestarle *auxilium* (referido al servicio militar) y *consilium* (por ejemplo, juzgar, bajo la presidencia del señor, las causas sometidas a su corte); por su parte, también el señor debe a su vasallo fidelidad y ciertas prestaciones, que pueden resumirse en protección y manutención. Y la manutención se asegura por dos medios, bien directamente en casa del señor, bien mediante la concesión de un feudo o, menos frecuentemente, de un alodio, una tenencia en precario o un censo (a veces, una enfiteusis).

Si nos atenemos a la exposición de Ganshof, podríamos pensar que el lobo es el señor y el cabrón, su vasallo. Y, en este sentido, el carácter de quintero del vasallo se derivaría de haberle concedido su señor el arriendo en censo o enfiteusis de sus tierras. Sin embargo, en la España del primer tercio del siglo XIV, en la que vivía Juan Ruiz, la situación socio-jurídica no es totalmente comparable a la del resto de la Europa occidental, pues la conquista árabe del 711 había mantenido a nuestro país relativamente aislado de aquélla. Y si bien es cierto que, desde las conquistas de Fernando III de Castilla y Jaime I de Aragón, la España musulmana se reducía esencialmente al reino nazarí de Granada y la influencia fundamentalmente francesa era visible en la Península, la existencia de la frontera imponía su impronta a las instituciones jurídicas castellanas:

---

[39] Véase F. L. GANSHOF (1985: pp. 111-160 y, ésp., para nuestro texto, pp. 145-150).

> Las instituciones sociales y políticas de Asturias, León y Castilla no se desarrollaron ampliamente de acuerdo con aquel modelo de feudalismo que se estableció entre el Ebro y el Rin. [...] Castilla y León tuvieron su propia interpretación de los elementos de apariencia feudal que se habían adoptado. El término «vasallo» se utilizó con más frecuencia durante los siglos XII y XIII, pero no se refería solamente al noble que entraba dentro de una relación de dependencia personal con un señor. Un labrador podía ser descrito como el «vasallo» de un señor laico o de un monasterio señorial, y «todos» los habitantes del reino eran considerados como los «vasallos naturales» del rey.[40]

Esta segunda interpretación nos parece más ajustada a la realidad de nuestro texto y más compatible con el término quintero, que viene entendido, desde J. Cejador (1955: 124), como 'colono por arriendo'. Así, el cabrón sería una especie de aparcero del lobo y, en este sentido, su vasallo, entendido este término no en la acepción técnica, con la que aparece siempre en Francia, sino de manera mucho más laxa, como es común en la Castilla de los siglos XIII y XIV. Por supuesto, esta precisión que hemos hecho a los términos *mi vasallo e quintero* no afecta a la realidad socio-estamental de la Castilla de la época, en que «el señorío es la base permanente de la sociedad y la inmensa mayoría de las explotaciones agrarias estaban sometidas al régimen de señorío. Los señores (laicos o eclesiásticos) eran titulares de un dominio eminente sobre las tierras, en virtud del cual se apropiaban de la renta de las mismas en su casi totalidad. Además, ejercían unos derechos de gobierno y de jurisdicción sobre los colonos, en mayor o en menor grado, según la amplitud de los privilegios reales de inmunidad. Finalmente, disfrutaban de una serie homogénea de monopolios y se beneficiaban de muy diversas prestaciones personales de los colonos» (F. Tomás y Valiente, 1990: pp.169-170). Pero, ni el lobo es un noble, ni el *Libro de buen amor* es una crónica o una compilación jurídica.

---

[40] Véase A. MACKAY (1985: pp. 108-118). La cita pertenece a las pp. 110-111.

La aparición de don Cabrón ha provocado cierta polémica acerca de cuál es la posición del lobo en el proceso. Evidentemente, por la información que tenemos, el lobo no es víctima, de manera que no pudo ejercitar su acción en calidad de directamente ofendido por el delito. Por ello se ha planteado la figura de la representación: el lobo actuaría en representación de don Cabrón, su vasallo y quintero (M. Eizaga y Gondra, 1942: p. 35) . Sin embargo, creemos que resulta difícil sostener esta interpretación, pues sabemos que la existencia de una relación feudo-vasallática no convertía al señor en representante legal de su vasallo. La representación, en Derecho, consiste en la actuación de un sujeto, el representante, bien en nombre y por cuenta de otro, el representado, bien en su propio nombre, pero siempre por cuenta del representado, de forma tal que las consecuencias derivadas de lo actuado recaen en la esfera jurídica de este último. Por otra parte, hay (se reconoce desde el Derecho romano) dos tipos de representación: la representación legal y la representación voluntaria. La representación legal se origina, como su propio nombre indica, *ex lege*, esto es, la dispone la ley para aquellos casos en que el representado no tiene capacidad de obrar suficiente (por ejemplo, por ser menor o incapaz). Pues bien, no hemos encontrado en las *Partidas* ningún precepto legal en que se hable de la falta de capacidad de obrar de los vasallos, ni siquiera con respecto a las cosas que se hubieren obtenido por mediación del señor o formaran parte del feudo.[41] Además, en la ley 2ª del título I de la *Partida VII*, se establece un catálogo de sujetos sobre los que pesa la prohibición de llevar a cabo una acusación criminal y, en él, se mencionan algunos supuestos de incapacidad de obrar general, que afectan, por ejemplo, a la mujer, al menor y al siervo. Pero no podemos confundir, como ha hecho algún autor (M. Polaino Ortega, 1948: p. 32), al vasallo con el siervo, pues las *Partidas* establecen un régimen bien diferenciado para ambos.[42] El siervo tenía sus capacidades jurídi-

---

[41] *Cf. Partida* IV, título XVI, ley 11ª: *e si la contienda fuere entre el vassallo e otro ome* [distinto de su señor, se entiende], *entonce* [actuará] *el juez ordinario, que oye todos los pleitos, maguer sobre que han la contienda sea del feudo.*
[42] Véanse los títulos XXI y XXV de la *Partida* IV.

cas muy limitadas, puesto que no entraba dentro de la categoría de hombre libre, cosa que no sucedía con el vasallo, que, como quedó claro en la cita de Ganshof, era un hombre libre, tan libre como su señor. Tampoco creemos que pueda hablarse de representación voluntaria. La representación voluntaria, frente a la legal, presupone la capacidad de obrar del representado y su voluntad de que otro, su representante, actúe en su lugar. La formalización de esta voluntad se realiza a través de un negocio jurídico en el que se otorga al representante un poder general o específico de actuación, que puede ser revocable en cualquier momento por el representado. Un supuesto concreto de representación voluntaria es lo que, en las *Partidas*, se regula como *personería*. El *personero*, figura jurídica que se correspondía con el *procurator* del Derecho romano, se definía como *aquel que recabda o faze algunos pleytos, o cosas ajenas, por mandado del dueño dellas. E ha nombre de personero porque paresce, o esta en juyzio, o fuera del, en lugar de la persona de otro* (*Partida* III, título V, ley 1ª). Podría pensarse, como hace Eizaga y Gondra, que el lobo se presentó en el pleito como personero del desdichado don Cabrón, pero, a nuestro juicio, se trata de una hipótesis harto improbable, porque las *Partidas* no permitían la representación voluntaria o personería en los procesos penales sobre los que *podiera recaer sentencia de muerte o perdimiento de miembro o desterramiento de tierra para siempre, porque todo ome es tenudo de demandar e defender se, en tal pleyto por si mismo, e non por personero. Porque la justicia non se podría fazer derechamente en otro, si non en aquel que faze el yerro, quando le fuere provado: o en el acusador cuando acusasse a tuerto* (*Partida* III, título V, ley 12ª). Por todo ello, se concluye lógicamente que el lobo actúa en nombre propio y sin más legitimación que la otorgada en las *Partidas* a todo hombre para acusar a otro en juicio, siempre que pudiera probar el objeto de la acusación: éste es el motivo de que el lobo se ofrezca a probar «so pena de talión». Y siempre que el acusador no estuviera incluido en algún supuesto de prohibición (mujer, menor, siervo, etc.).

La fecha, que aparece detallada en la estrofa 326 (*E digo que agora en el mes que pasó de febrero/ era de mill e trezientos el año primero/ regnante nuestro señor el león mazillero*) ha sido objeto de numerosos comentarios por parte de los estudiosos, los cuales han creído ver insinuaciones de carácter histórico. Así, Cejador (1955: p. 121) en su edición del *Libro*, sitúa la comisión del delito en 1339 por error, ya que en lugar de restar a la fecha de la era de César, por la que se contaba entonces en España, los 38 años referidos al nacimiento de Cristo, los suma. Este error de cálculo le permite ver una alusión del autor, al año en que, supuestamente,[43] ingresó en prisión por orden de Gil de Albornoz, arzobispo de Toledo. Pero más sorprendente aún nos parece la tesis de Corominas (1967: p. 152) sobre todo, teniendo en cuenta su talla como investigador. En este caso, el profesor catalán ni siquiera se atiene a la fecha que aparece en S, único manuscrito que nos ha conservado esta estrofa, sino que, arriesgadamente, enmienda el texto, aduciendo que el copista se equivocó y que la fecha auténtica no es otra que *era de mill e trezientos ochenta el año primero*. Esta interpretación, desde nuestro modesto punto de vista excesivamente forzada, le sirve para situar el hurto de la zorra en 1342 (restando los 38 años), fecha cercana a la también supuesta segunda versión del Libro y dentro del período en que Alfonso XI, llamado muchas veces «león» en el *Poema de Alfonso XI*, acudió a Alcalá de Henares a obtener dinero de la alcabala: *que vino a nuestra çibdat por nombre de monedero*.[44]

---

[43] Creemos que ha quedado claro —y SPITZER lo decía desde 1934— que la prisión del Arcipreste, cuyo texto encuentra un impresionante paralelismo con el correspondiente del *Poema de Fernán González*, es ante todo un *topos* literario. Este *topos*, sin embargo, ha generado reflexiones que no están del todo descaminadas, como aquella en que se insiste en la cárcel como destino de los poetas españoles de todos los tiempos: Juan Ruiz, Fray Luis, Quevedo, Miguel Hernández.

[44] Según A. MACKAY (1985: p. 115), «los gastos de las campañas de la reconquista en los siglos XII y XIII constituían una enorme carga económica para la monarquía. Por supuesto, se podían hacer enormes fortunas, si bien irregulares, del botín de las batallas y asedios. [...] Pero tales ganancias no compensaron el costo de los muchos meses consumidos en el asedio de posiciones claves como [...] Tarifa (cinco meses) y Algeciras (diecisiete meses). [...] Alfonso XI para obtener dinero para la defensa de Gibraltar en 1333 se vio, en el sentido literal de la palabra, forzado a mendigar entre la mayoría de las ciudades y de los

Estimamos una tarea infructuosa la búsqueda, en este caso concreto, de alusiones a la realidad histórica del autor y más a la ciudad de Alcalá de Henares, siendo que la acción del fragmento que nos ocupa se desarrolla en Bujía, en el Norte de África. Más bien, nos parece que Juan Ruiz quiso situar temporalmente y localmente los hechos en un momento incluso anterior a su nacimiento (esto es, ca. 1263, fecha que se obtiene de restar los 38 años de la era de César a la fecha de la demanda, 1301, y que es la única presente en S) y en un lugar distante de su domicilio habitual, tanto por la importancia que, en esos años, tuvieron las acciones militares de los cristianos para intentar controlar el Estrecho de Tarik, como para evitar el encono y las represalias de aquellos contemporáneos suyos que pudieran sentirse reflejados en estos versos del *Libro*.[45] Además, que el rey fuera el león es lo normal en las fábulas. Y tan *mazillero* fue Alfonso XI como Fernando II y Alfonso X o Fernando IV. Si esto no fuera así y el texto no se refiriera a una fecha anterior al reinado de Alfonso XI y a un lugar que no fuera el Sur

---

mercaderes de su reino. Incluso tuvo que enfrentarse con mayores dificultades en Algeciras; pues no sólo tuvo que pedir ayuda económica a las *cortes*, como venían haciendo los reyes anteriores, sino que también llegó a obtener 20.000 florines del Papado y 50.000 de la monarquía francesa. Pero incluso estas cantidades fueron insuficientes, y después de pedir otros préstamos a los genoveses, el rey al final se vio obligado a renunciar a toda su vajilla de plata para intentar pagar sus gastos militares». También la *Crónica de don Alfonso el Onceno* (1977: esp. pp. 180 y ss. y 345 y ss.) recoge las graves dificultades económicas y financieras de Alfonso XI y sus explicaciones sobre la conveniencia de tomar estos enclaves norteafricanos, respectivamente.

[45] El mismo A. MACKAY (1985: pp. 76-78), nos informa de que «la existencia continuada del estado independiente de Granada y la naturaleza de las capitulaciones de rendición sirven para recordar que los éxitos de las cruzadas de Fernando III y Jaime I no fueron tan abrumadores como pudiera parecer a primera vista. En realidad, el hecho fue que ... la causa islámica no estaba totalmente perdida. [...] En 1264 [*ca.* la fecha que se deduce de S], por ejemplo, los mudéjares de Andalucía y Murcia se rebelaron al mismo tiempo que los ejércitos de Granada, incluidas las tropas benimerines, y realizaron una ofensiva con la que casi recuperaron el reino de Murcia para los musulmanes. Pero, sobre todo, los cristianos tuvieron que enfrentarse con la tarea de impedir la fácil travesía de los ejércitos del Norte de Africa a través de la cabeza de puente

de la Península o el Norte de Africa, ¿cómo podríamos explicar el lugar de procedencia del juez y la aplicación de un Derecho, que, en el momento de tramitarse el proceso (ca. 1263), aún no se había dado a conocer, dado que la fecha de terminación de las *Partidas* se suele situar alrededor de 1265.

Debemos fijarnos ahora en *la quinta cosa* que debe tener toda demanda. El quinto y principal requisito es el *petitum* o pretensión del demandante: en nuestro caso, *el lobo pide la pena de muerte para la zorra*. En principio, esta pena no se corresponde con la estipulada por las *Partidas* para el delito de hurto. Según éstas, el reo de hurto manifiesto debía devolver la cosa hurtada o el valor dinerario de la misma, además de pagar una multa del cuádruplo de aquel valor. El reo de hurto encubierto también debía devolver la cosa o su valor, pero la multa era del doble del de aquel valor. En algunos casos, siempre que fuera objeto de la pretensión o pretensiones del demandante, podía el juez establecer, como pena accesoria, el escarmiento público, con azotes (*Partida* VII, título XIV, ley 18ª). En el caso que nos ocupa, la pena que hubiera debido pedir el lobo era la correspondiente al reo de hurto manifiesto. No obstante, si analizamos con mayor profundidad la fórmula *que sea enforcada e muerta como ladrón*, nos daremos cuenta de que no nos hallamos ante una pretensión simple, sino compleja. Es decir, el lobo lo que pretende obtener es una sentencia en la que se declare que la zorra es, en primer lugar, una ladrona habitual; con tal declaración podía lograr que, en segundo lugar y en la misma sentencia, se la condenara a muerte. La habitualidad podía actuar como agravante y asimilar al reo de hurto al ladrón famoso, en el sentido de *enfamado*, es decir, al llamado propiamente *latro*

islámica del Estrecho de Gibraltar. Este problema empezó a ser grave durante el reinado de Alfonso X de Castilla. [...] El desenlace no llegó hasta la tercera o cuarta década del siglo XIV. En 1333 los ejércitos aliados de Granada y Marruecos reconquistaron Gibraltar y Abu'l Hassan empezó los preparativos para la invasión de Castilla. Al enfrentarse con este peligro, Alfonso XI buscó desesperadamente la ayuda naval catalana y la militar de los aragoneses. [...] El sitio de Algeciras, que duró de 1340 a 1344, se convirtió en una de las operaciones militares más conocidas del siglo XIV».

por el Derecho romano.[46] Claro que la sentencia de muerte, en estos casos, dependía del arbitrio judicial.

Pero, esta interpretación plantea varios problemas. El primero es que de la letra del susodicho precepto de las *Partidas*, como bien señala el glosador Gregorio López, no parece deducirse la condena de muerte, porque la regla general es la interdicción de la pena de muerte para el reo de hurto, salvo en supuestos excepcionales, como el hurto en las iglesias, de objetos sagrados, o el tipo especial de hurto de fondos públicos cometido por funcionarios. No obstante, no repugnaba al Derecho común la habitualidad, la *consuetudo furandi*, como justificación para condenar a la horca al reo de hurto.[47] El modo de determinación de la habitualidad como agravante es el segundo problema que se nos plantea. Desde luego, no nos parece que la habitualidad pudiera probarse (M. Eizaga y Gondra, 1942: p. 25) por el hecho de que la zorra realizara el hecho con escalamiento, pues el *modus operandi* no tiene nada que ver con la reiteración de un mismo comportamiento delictivo. Lo más lógico es que el lobo pretendiera probar que el hurto de autos no había sido el único hurto de la zorra y que esto era algo conocido. La demanda acaba con la fórmula de la prueba de la acusación *so pena de talión*, que —como sabemos ya— era un requisito exigido por las *Partidas*, y no un simple y desinteresado *addendum* del lobo. Como éste está convencido de que la zorra es una ladrona infamada, cierra su demanda con el ofrecimiento de la prueba, que podemos suponer preconstituida. La carga de la prueba, como quedó dicho *supra*, correspondía al que realizaba la acusación. Los medios de prueba, por otra parte, están definidos desde el Derecho romano: confesión, testigos, prueba documental, constatación por parte del juez, etc. Lo más probable es que el lobo pensara presentar testigos de la habitualidad de la zorra e,

---

[46] Véase la glosa de Gregorio López, marcada con la letra *f*, en relación a la susodicha ley 18ª, del título XIV de la *Partida* VII.

[47] Esta era la pena que se imponía a los ladrones habituales y conocidos, según la glosa *f* de Gregorio López a la citada ley 18ª del título XIV de la *Partida* VII.

incluso, pudiera referirse a alguna sentencia anterior; pero de ello hablaremos *infra* al tratar de la prueba de la confesión que realiza el lobo, para no cargar aún más la demanda.

Una vez leída la demanda, la estrofa 329, copiada *supra*, nos informa de la actuación *ad hoc* de la zorra:

> Seyendo la demanda en juizio leída,
> fue sabia la gulpeja e bien aperçebida:
> «Señor, diz, yo só de siempre de poco mal sabida;
> dat me un abogado que fable por mi vida».

La acusación, que fue presentada por escrito, ateniéndose a lo prescrito por el Derecho procesal penal, fue leída ante el juez. Con su lectura se inicia la *fase expositiva* del proceso y se da traslado al demandado de la acusación: *e despues desto deve emplazar al acusado, e darle traslado de la demanda* (*Partida* VII, título I, ley 14ª). El traslado de la demanda al acusado es un acto procesal muy importante y consiste en poner en conocimiento del demandado el contenido del escrito de acusación, hecho que predetermina sus futuros actos, a saber, presentación de excepciones y contestación a la demanda. Una vez recibido el traslado de la demanda del actor, la raposa, con astucia (*fue sabia la gulpeja e bien aperçebida*), la cualidad normalmente conferida a este animal en las fábulas, asegura a don Simio saber poco y mal, hecho contrario a lo que hemos concluido y que se relaciona con el *topos* de la modestia, encaminado a la *captatio benevolentiae* y frecuente en el propio Juan Ruiz: *yo só siempre de poco mal sabida*. El sentido dilógico de *mal sabida*, que se refuerza en el sintagma *de poco*, en el sentido tanto de 'que sabe poco', como de 'maliciosa', aparece, en otras ocasiones, en el *Libro de buen amor*. Recordemos de nuevo el episodio de Pitas Payas, en el que el narrador, antes de ofrecer la explicación de la mujer ante la sorpresa del pintor cuando encuentra mudado su cordero en carnero, afirma:

> Commo en este fecho es siempre la muger
> sotil e mal sabida, diz: «¿Cómo, monsseñer?»

Así, la zorra solicita al juez el asesoramiento y la defensa de un abogado. Con esta treta pretende crear un incidente de previo pronunciamiento para aumentar el plazo de contestación a la demanda, exigido legalmente. Claro que don Simio, a nuestro poco entender, se da cuenta de la artimaña da la zorra y con una elegante respuesta pasa por alto la cuestión incidental. Confirma su caracterización en las fábulas como astuta el hecho de que la raposa demuestra conocer la norma que prescribía, como deber del juez, el *dar abogado a la persona cuytada que gelo pidiere* (*Partida* III, título VI, ley 6ª). Aunque a continuación trataremos brevemente de los abogados, no queremos dejar pasar la ocasión de señalar que la astuta zorra ya tenía pensado quién había de ser su abogado (331d).

5. *Los abogados*

Cuando tratamos de la posición de lobo en el proceso que nos ocupa, aludíamos someramente a la figura del personero o procurador. Decíamos que tanto el demandante como el demandado podían otorgar voluntariamente poder a un tercero (el *personero*), para que éste actuara en juicio en nombre y representación de aquéllos, de forma tal que se hacía innecesaria su presencia durante la sustanciación del procedimiento. Por oposición al personero, y en contra de lo que suele pensar la mayoría de las personas que no tienen conocimientos jurídicos, el abogado no representa en juicio a las partes. Su oficio consiste en asistir y dirigir las actuaciones de los pleiteantes. El término *abogado* tiene su origen en el participio de pasado latino *advocatus*, que, pronto en la lengua del Derecho, tuvo el sentido de 'el que asiste al sujeto llamado por la Autoridad judicial'. Esta asistencia estaba justificada porque los abogados, que eran técnicos, conocedores de las leyes y con una importante formación retórica, eran capaces de convertir el argumento y la causa más débiles en los más fuertes.[48] En las *Partidas*,

---

[48]   *Cf.* ARISTÓTELES, *Retórica*, II, 24, IX: *Y aquello de hacer el argumento*

la palabra abogado «convive» con otra palabra derivada directamente de voz, el término *bozero*: se usan como sinónimos. En la definición que aparece en la ley 1ª del título VI de la *Partida* III (que trata «De los abogados»), se justifica el porqué del nombre de *bozero*: *Bozero es ome que razona el pleyto de otro en juyzio, o el suyo mismo, en demandando, o en respondiendo. E ha assi nome, porque con bozes, e con palabras usa de su officio.* En nuestro texto, nunca se usa el término *bozero*. Siempre aparece *abogado* (versos: 324a; 329d; 330d; 331c; 332b; 333a; 341c; 342a; 344a; 346a; 353d; 356d; 368a; 371d). Con respecto a su tan alta frecuencia de aparición, podemos adelantar que, en la fábula, la figura del abogado es de una gran importancia.[49] En la parte final de nuestro trabajo volveremos sobre la justificación de esta importancia. Por el momento, nos conformaremos con recordar que, como señala la estrofa 331, ambas partes se proveyeron de fondos para pagar a sus abogados, a quienes, como dice Quevedo del escribano, *culpas le dan de comer:/ al diablo sucede ansí.*[50] En otros de nuestros apartados, seguiremos con el abogado de la zorra, pues es él quien jugará un papel muy importante en el siguiente momento procesal dentro de nuestra fábula, pero, por el momento, tenemos que tratar del plazo.

---

inferior el mejor, en esto consiste. Y por eso con razón se indignaban los hombres contra la profesión de Protágoras, porque es un fraude y una verosimilitud no verdadera, sino aparente, y no existe en ningún otro arte sino en la retórica y en la erística. De la importancia de la Retórica en Juan Ruiz se ha ocupado sobre todo S. D. KIRBY (1978), aunque, a nuestro parecer, KIRBY exagera cuando dice que «los elocuentes paralelos entre la fábula de Juan Ruiz y las normas de la declamación forense me llevan a concluir que Don Ximio es esencialmente un ejercicio retórico estrechamente relacionado con las *Controversiae*» (p. 284).

[49] Creemos que la interpretación de nuestro fragmento como una lección dirigida a los *abogados de fuero y de romance*, que tan poco Derecho común sabían, viene avalada por el mismo autor, ya que el verso que antecede inmediatamente a nuestra fábula, el 320d, que no hemos citado en el recuento anterior, es una alocución a éstos: *abogado de fuero, ¡oye fabla provechosa!*

[50] Véase la edición de J. M. BLECUA (1981: p. 701).

6. *El plazo*

> Respondió el alcalde: «Yo vengo nuevamente
> a esta vuestra çibdat, non conosco la gente;
> pero yo te dó de plazo que fasta días veinte
> ayas tu abogado; luego al plazo vente».

> Levantóse el alcalde esa ora de judgar.
> Las partes cada una pensaron de buscar
> quál dineros, quál prendas para al abogado dar;
> ya sabía la raposa quién le avía de ayudar.

La respuesta de don Simio ante el incidente planteado por la zorra es que él, como recién llegado a la ciudad, no conoce a ningún abogado que pueda practicar su defensa. En definitiva y educadamente, le dice que lo busque ella y que, para hacerlo, tiene el plazo legalmente estipulado de veinte días. En la ley 14ª del título XIV de la *Partida VII*, que acabamos de ver parcialmente citada hace muy poco, leemos *e despues deve emplazar al acusado, e darle traslado de la demanda señalandole plazo de veynte dias a que venga responder a ella*. Una cuestión interesante se plantea con la palabra *plazo*, cuya etimología vimos al tratar del emplazamiento. Nuestro Derecho moderno entiende *plazo* como 'lapso temporal concedido por la ley para realizar un acto jurídico', de forma que, el acto puede llevarse a cabo cualquier día (si el cómputo se realiza por días) desde el siguiente al que se fijó dicho plazo y hasta el último en concluye el cómputo.[51] Oponiéndose a *plazo* se define el vocablo *término*, concebido no como un espacio de tiempo, una línea de duración temporal, sino como un 'punto fijo en el tiempo'. Puede decirse, pues, que el término es el último día del plazo. Sin embargo, esta distinción no está clara, pues «se confunden» *plazo* y *término*, como sucede en los versos 330c y 330d de nues-

---

[51]   Así nuestro *Código civil*, cuyo art. 5.1. reza: *Siempre que no se establezca otra cosa, en los plazos señalados por días, a contar de uno determinado, quedará éste excluido del cómputo, el cual deberá empezar en el día siguiente.*

tro texto. Así, en 330c, el término *plazo* se emplea con el sentido que actualmente se le da y no encontramos colisión con el sentido moderno de *plazo*, ya que, en principio, parece que don Simio no marca un día concreto. Simplemente, aplica la norma contenida en las *Partidas*. Incluso la preposición *fasta* insiste en esa 'duración', entendida como 'extensión temporal que termina en un punto',[52] de manera que *plazo* no alude aquí a un día determinado. Sin embargo, en 330d, el verso siguiente, lo que parece decir don Simio a la zorra es que, transcurridos los veinte días, esto es, al vigésimo primer día, se persone ante él acompañada de su abogado: *luego al plazo vente*. Con lo que *plazo*, en este contexto, equivale a lo que hoy designamos como *término*. El mismo fenómeno tenemos en 332a, que veremos *infra*, donde se nos dice que *El día era venido del plazo asignado*, y en 340b-d: *pidieron al alcalde que les asignase día/ ...le asignóles plazo después de la Epifanía*. Sin embargo, en 356b, se puede entender *plazo* como es normal en el empleo moderno: *nueve días a de plazo para el que se opone*.

La oposición existente en nuestro Derecho actual no debe hacernos suponer que el Arcipreste usó la palabra plazo sin precisión técnica: su empleo, en todos los pasajes de la fábula, está totalmente justificado de acuerdo con las *Partidas*. En este corpus no aparece nunca *término* con el sentido que le confiere nuestro Derecho procesal moderno. *Término*, en los textos jurídicos medievales, se refiere únicamente a 'espacio geográficamente acotado' (con el sentido que hoy encontramos en *término municipal*), 'territorio', sentido naturalmente relacionado con su significación latina de 'lindero', 'mojón que servía para marcar las fronteras de

---

[52]   *Cf.* M. MORERA (1988: pp. 212 y ss), donde se define la forma de contenido de la preposición *hasta* con la siguiente matriz de rasgos: + sentido, — concomitante, + aféresis, + finitiva y + extensión. En relación con el uso que ahora nos ocupa, véase del mismo autor, *Teoría preposicional y origen y evolución del sistema preposicional español* (1998: tomo I, pp. 88 y ss). En la p. 90 se recogen algunos ejemplos muy similares, tomados del *Fuero de Madrid*, del *Fuero Juzgo*, de las *Cortes de Palencia* (correspondientes al año 1313) y del *Conde Lucanor*. En esta misma obra, pp. 107 y ss., se vuelve a insistir en el carácter de 'extensión que acaba en un punto' de *hasta*.

una porción más o menos amplia de terreno'. Lo ejemplificamos con la ley 33ª, del título XVI, de la *Partida* III: *Mas si los testigos non fueren en la villa do es el pleyto, e fuessen en el termino o acerca devenle dar aquel que los ha aduzir el primero plazo de nueve días. [...] Pero si los testigos fueren muy lueñe de aquel término devenle dar plazo a que los aduga de treynta dias.* En el corpus alfonsino, en todos los casos, encontramos sólo plazo, definido por la ley 1ª del título XV de esta misma *Partida III* como *espacio de tiempo que da el judgador a las partes para responder o para provar lo que dizen en juyzio quando fuere negado.* El hecho de que, en la misma definición, se indique 'espacio de tiempo' no entra en contradicción con lo que entendemos actualmente por *término*, ya que el *término* es el 'último día de un plazo'. Es en ese último día, en que vence el plazo, cuando debemos realizar el acto procesal en cuestión. Por tanto, todo término presupone un plazo. Y, en las *Partidas*, el *plazo* abarca y se refiere tanto al día de su vencimiento (el actual término) como a cualquier día dentro de la franja temporal acotada. El doble uso medieval de la palabra *plazo* apunta a lo que los estructuralistas llaman neutralización de la oposición *plazo/término*. Testimonio de esta antigua indiferencia que llega hasta el Siglo de Oro es que el glosador Gregorio López, al que tantas veces nos hemos referido, siempre comenta y pone *término* cuando lee, en las *Partidas, plazo*.[53]

Con la recepción de la demanda y conferido su traslado a la zorra, se cierra ese día lo que podría llamarse «vista preliminar»: *Levantose el alcalde esa ora de judgar.* Entonces, en el término asignado por el juez, buscan las partes *quál dineros, quál prendas para el abogado dar.* Como apuntamos *supra*, Juan Ruiz inserta, en este verso, uno de los tópicos más típicos que nos ha transmitido la literatura acerca de los abogados: el de su excesivo apego al dinero, asociado, claro está, a su actividad profesional. No es este el único momento en que lo hace. En la estrofa 496 del *Libro*, donde se nos habla de las ya mentadas propiedades que el dinero da, arremete contra la corrupción de la Justicia y dice:

---

[53] Véanse sus glosas a los títulos XV y XVI de la *Partida III*.

> Dava muchos juicios, mucha mala sentençia;
> con muchos abogados era su mantenençia,
> en tener pleitos malos e fazer abenençia;
> en cabo por dineros avía penitençia.

Como viene siendo habitual, el narrador recurre en 331d a la técnica de la anticipación o prolepsis, para informarnos de que la zorra ya tenía en mente quién iba a ser el mejor abogado para ella en este pleito: *ya sabía la raposa quién le avía de ayudar*. Y, en efecto, la estrofa 332 nos presenta a su abogado:

> El día era venido del plazo asignado:
> vino doña Marfusa con un grand abogado,
> un mastín ovejero, de carranças çercado;
> el lobo quando lo vio fue luego espantado.

Desde luego, la zorra no podía encontrar otro abogado mejor que el mastín ovejero, enemigo acérrimo del lobo, por dos razones. La primera es evidente y se relaciona con la función de estos perros, que tenían que evitar, por todos los medios, la pérdida de las ovejas del rebaño, sobre todo cuando tal pérdida se debía a la acción depredadora de los lobos. A los mastines, perros de gran tamaño (de nuevo la dilogía en *vino doña Marfusa con un grand abogado*), se les colocaba una especie de collar de púas de metal (como los que llevan los *punkies*), las *carranças*, para impedir precisamente las mordeduras de los lobos en los encarnizados enfrentamientos que solían producirse. La segunda causa, de carácter mucho más privado, la comentaremos más adelante. Ahora hemos de explicar el siguiente momento procesal: la contestación a la demanda.

7. *La contestación a la demanda: las excepciones*

Este grand abogado propuso por su parte:
«Alcalde, señor don Ximio, quanto el lobo departe,
quanto demanda e pide, todo lo faz con arte,
que él es fino ladrón, e non falla quel farte.

E por ende yo propongo contra él exeuçión
legítima e buena, por qué su petiçión
non deve ser oída, nin tal acusaçión
él fazer non la puede, ca es fino ladrón.

A mí acaesçió con él muchas noches e días
que llevaba furtadas de las ovejas mías;
vi que las degollava en aquellas erías;
ante que las comiese, yo ge las tomé frías.

Muchas vezes de furto es de juez condenado
por sentençia, e así por derecho es enfamado;
por ende non deve ser de él ninguno acussado,
nin en vuestra abdiençia oído nin escuchado.

Otrosí le opongo que es descomulgado,
de mayor descomunión por costitución de legado,
por que tiene barragana pública, e es casado
con su muger doña Loba, que mora en vil forado.

Su mançeba es la mastina, que guarda las ovejas;
por ende los sus dichos non valen dos arvejas,
nin le deven dar respuesta a sus malas conssejas;
asolved a mi comadre: váyase de las callejas».

Estas interesantísimas estrofas nos muestran el momento procesal correspondiente a la contestación a la demanda de acusación que había formulado el lobo contra la zorra. Y nos demuestran que no hubo contestación a la demanda. La respuesta o contestación a la demanda consistía en afirmar o negar el contenido de la misma. La ley 7ª del título III de la *Partida* III nos aclara este contenido:

> *deve el demandado responder a la demanda, en esta manera, otorgando de llano lo que le demandan [...] E si por aventura entendiere, que la demanda, quel fazen non es verdadera, dévela negar de llano, diziendo que non es assi como ellos ponen en su demanda e que non les deve dar, nin fazer, lo que piden.*

Pero, como hemos leído, la zorra, a través de su abogado, ni otorga ni niega. En lugar de eso, su letrado alega dos excepciones: una, dilatoria, y la otra, perentoria. La palabra que aparece en los ms. varía de S a G. G escribe la forma semiculta *exeuçión*, mientras que S nota *esención*, que parece venir de *exemptio*, imposible en el contexto. Como la mayoría de los editores, con la excepción de Corominas (1967: p. 156), hemos seguido la lección *exeuçión*.

La *excepción* (*nomen actionis* en —*ti*— del verbo lat. *excipio*, derivado de *ex* y *capio*) era, en el lenguaje del Derecho (y, más específicamente, del Derecho procesal), un medio para privar de eficacia jurídica la o las pretensiones del actor o demandante, por motivos ajenos al contenido de la demanda y relacionados con la persona misma del actor (falta de capacidad), de su representante, del juez o tribunal (falta de competencia o de jurisdicción), etc. Por ello, suelen asimilarse acción y *excepción* con una espada y un escudo, como ejemplos antonomásticos de ataque y defensa. En el Derecho romano había dos tipos de excepciones: las *dilatorias*, que interrumpían el proceso, en tanto la causa en que se fundaba la excepción no cesara o se probara que no había tal causa; y las *perentorias*, que provocaban la extinción de la acción. En las *Partidas* se recogen ambos tipos: *Defiendense los demandados a las vegadas de las demandas que les fazen poniendo defensiones ante si, que son de tal natura, que aluengan el pleyto e non lo rematan. E llamanlas en latin dilatorias, que quiere tanto dezir como alongaderas* (*Partida* III, título III, ley 9ª). Y, allí mismo, en la ley 11ª leemos: *E a estas defensiones [...] llaman en latin peremptorias que quieren tanto dezir como amparamiento, que remata el pleyto.*

Las excepciones dilatorias debían oponerse antes de responder a la demanda, en tanto que las perentorias no tenían un momento procesal fijado para ser alegadas. Esta es la regla general establecida por las *Partidas*, pero, como veremos enseguida, la interposición de excepciones tenía también sus «excepciones». Ante todo, debe decirse que el término del Derecho romano *excepción* no aparece en las leyes alfonsinas: en su lugar encontramos defensión. Este hecho es curioso, sobre todo si tenemos en cuenta que, en el Derecho común, existía también la figura procesal de la *defensio*, con una función un tanto distinta de la de la excepción. En el *Speculum iudiciale*, Guillermo Durando (Lib. II, Partic. IV, que trata de *exceptiones et replicationes*, ap. 1, nº 4) nos explica el uso del término *defensio: Haec enim & similes dicuntur proprie defensiones & non exceptiones ... quia licet defendant reum & per consequens repellant agentem, non tamen excludunt actionem, cum nulla sit ibi actio; sed exceptio excludit actionem, ut dixi.*[54] Así pues, la defensión constituía un medio procesal dirigido a debilitar los argumentos del actor, para lograr la absolución del demandado o acusado. Las excepciones enervaban la acción. Cuando entremos en el comentario de la sentencia de don Simio, trataremos con más detalle esta cuestión; ahora nos detendremos tanto en el contenido de las excepciones concretas que opone el mastín como en la terminología que emplea en su intervención. También llamaremos la atención acerca de la forma que adopta el alegato de este *grand abogado*, producto de los conocimientos de retórica forense de Juan Ruiz.

El presupuesto de las dos excepciones es la incapacidad procesal del lobo para ejercitar su acción. Esta incapacidad se deriva del Derecho y no es natural, ya que la incapacidad natural sólo era predicable de sujetos en los que concurre alguna o algunas circunstancias impeditivas de carácter biológico (la minoría de edad, disminuciones psíquicas o físicas, etc.).[55] Ahora bien, aunque el presupuesto de ambas excepciones radica en la incapacidad legal del lobo para ejercitar su acción, las causas son distintas. El mastín las expone de la siguiente manera:

---

[54] Este término ha sido estudiado por GYBBON-MONYPENNY (1986) y, asimismo, en su edición del *Libro*, tantas veces citada, p. 174.

[55] Los art. 222 y 303 a 306 de nuestro *Código civil* se hacen eco de estas incapacidades.

a) Una excepción primera y principal, basada en que el lobo es una «persona de mala fama» o *enfamada*. Efectivamente, para este tipo de sujetos existía la prohibición de acusar a otro: *Otrosí decimos que non puede acusar a otro aquel que es dado por de mala fama* (*Partida* VII, título I, ley 2ª). Las *Partidas* establecían dos tipos de infamia: la infamia de hecho o *infamia facti* y la infamia de derecho o *infamia iuris*. La infamia de Derecho, que procedía, como en este caso, de sentencia penal, inhabilitaba al infame para proceder a la acusación de otro sujeto. La infamia de hecho no tenía esta virtualidad. La existencia de sentencia condenatoria previa —esto es, de la que se derivara la aplicación de una pena ejecutada públicamente— era el motivo de la prohibición. Por ello dice el mastín que no *deve ser de él ninguno acusado*. El motivo, que había provocado las sentencias por las que el lobo había resultado infamado, consistía en ser el lobo un ladrón.[56] El abogado aduce su propia experiencia, por supuesto sin que pudiera considerarse él mismo testigo de cargo, ya que los abogados no podían ser testigos en los pleitos en los que participaban como profesionales asistentes.[57] Creemos que el autor colocó este argumento para mostrarnos que, desde luego, el mastín era el mejor abogado para la zorra, ya que sentía una profunda animadversión por el lobo porque le había hurtado reiteradamente las ovejas.

b) Una segunda excepción, y accesoria, se funda en la supuesta excomunión del lobo. El mastín esgrime el argumento de que el lobo, a pesar de estar casado, vive amancebado con la mastina: *Otrosí le opongo que es descomulgado, / .../ porque tiene barragana pública, e es casado/ con su mujer doña Loba que mora en vil forado.*[58] La excomunión del actor era, efectivamente, una de las

---

[56]   *Cf. Partida* VII, título VI, ley 5ª: *Sentencia seyendo dada contra otro por alguno de los judgadores ordinarios condenandolo [...] tal sentencia como esta enfama al condenado. Esso mismo seria si alguno que fuera acusado de furto, o de robo, o de engaño, o de tuerto que oviere fecho a otro ...*

[57]   *Cf. Partida* III, título XVI, ley 20ª: *Bozero non puede ser testigo del pleyto que el oviesse començado a razonar.*

[58]   JOSET y GYBBON-MONYPENNY, en sus ediciones del *Libro*, hacen notar que este *vil forado* (lat. *foratum*), especie de 'infecta madriguera' o de

causas que determinaba su incapacitación para acusar a otros en juicio: *Ad acussandum non admittitur qui in excommunicatione perseverat*, nos dice Graciano en su *Decretum* (*Pars secunda, Causa IV, Quaestio* 1, c. 1, citado por Gybbon en la p. 175 de su edición del *Libro*). Por otra parte, el amancebamiento del lobo con la mastina constituye, además, la segunda causa, a la que *supra* aludimos, de enemistad entre el abogado de la raposa y el acusador. Así pues, el lobo no sólo le había hurtado las ovejas al mastín, sino que había seducido a su esposa, la mastina, con la intención de que ésta le favoreciera el acceso a las ovejas. Tras este contundente alegato, el mastín concluye pidiendo la absolución de la raposa y dejando constancia de que su defendida no está obligada a efectuar la contestación a la demanda del lobo: *por ende los sus dichos non valen dos arvejas, / nin le deven dar respuesta a sus malas conssejas;/ asolved a mi comadre: váyase de las callejas.*[59]

En cuanto a la terminología empleada, debemos decir que resulta extremadamente precisa. Así, para alegar las excepciones, hace uso de verbos como *proponer* (también en 325d) e, igualmente, *oponer*, que, sin embargo, no encontramos, en estos mismos contextos en las *Partidas*. En ellas, sólo tenemos *poner ante si*: *Conocen*

'agujero ruin', se parece mucho fonéticamente al Byl Forado que aparece en el *Poema de Fernán González* y que corresponde al actual Belorado, en la provincia de Burgos. Así, también en un extracto del *Fuero Viejo de Castilla*, reproducido por E. GACTO FERNÁNDEZ (1979: p. 140) leemos: *Esto fue julgado en Burgos por donna Estevannia, muger de don Gonçalo Martinez de Bilforado, quel demandava partiçion.* Como sabemos, las dilogías son una de las fuentes más importantes de ambigüedad en el *Libro de buen amor* y aquí volvemos a encontrarnos con una de ellas. Lo cierto es que, aparte de la alusión a una localidad concreta, por cierto muy lejos de Bujía, donde se desarrolla la acción, también hay una referencia clara a la desconsideración y egoísmo del lobo, el cual moraba con su barragana en Bujía, mientras que su mujer se consumía en su pobre cubil.

[59] El último verso de la est. 338 lo entiende CORCMINAS (1967: p. 158) como «salga de manos de la justicia». La fraseología en Juan Ruiz ha sido tocada por casi todos sus comentadores. En nuestro fragmento, además del *váyase de las callejas*, hay tres expresiones «depreciativas»: *los sus dichos non valen dos arvejas* (338d), *su dicho non val un figo* (359d) y *non ge lo preçió don Ximio quanto vale una nuez* (368d).

luego a las vegadas los demandados, lo que les demandan en juyzio. Pero ponen luego defensiones ante si que han pagado [...] Defiendense los demandados a las vegadas de las demandas que les fazen poniendo defensiones ante si (*Partida* III, título III, leyes 8ª y 9ª, respectivamente). O, simplemente, *poner: Defensiones ponen a las vegadas los demandados* (*Partida* III, título III, ley 10ª), que, seguramente, son las versiones en romance de los términos *opponere* y *proponere*, empleados en los textos jurídicos latinos. Prueba de ello es que el glosador Gregorio López usa *proponer* y *oponer*. Asimismo, en el *Speculum iudiciale* (I, Partic. IV, *De Advocato*, c. 11), Durando nos dice: *Advocatus proponens exceptionem dilatoriam, qua poena puniri debeat y Opponi potest actori in quacumque parte litis, quod est excommunicatus. Proponer* significa 'presentar una alegación en juicio' y procede de *pro* y *pono* 'poner delante'; en tanto que *oponer* significa 'objetar' y procede de *ob* y *pono*, 'poner frente a', 'enfrentar'.

La segunda excepción está encabezada, con gran exactitud, por la fórmula *otrosí*, que sirve para introducir las pretensiones jurídicas accesorias a la principal.[60] También son interesantes las precisiones que se realizan en relación a la excomunión del lobo. La Iglesia establecía, para los fieles que se apartaban de sus doctrinas o de sus mandamientos, la pena de la excomunión (de *ex* y *communicare*, derivado este último verbo de *munire*, denominativo sobre *munus*, modificado por el preverbio *cum*, y que está en el origen de *communis*, 'común', *communio*, 'comunión'). La *excomunión mayor* consistía en una 'exclusión total de la Iglesia', en una privación activa y pasiva de los sacramentos y sufragios comunes a los fieles. Los afectados por esta forma de excomunión se denominaban *vitandi* ('los que han de ser evitados'). En cambio, los afectados por la *excomunión* menor eran llamados *tolerati* ('tolerados'). A los *tolerati* sólo se les castigaba con la privación pasiva de los sacramentos. En las *Partidas* tenemos una descripción pormenorizada de estas dos modalidades penales impuestas por la Iglesia, a la vez que se nos da una magnífica definición de la excomunión: *Des-*

---

[60]   *Cf.* El art. 489. 16 de la antigua *Ley de enjuiciamiento civil*.

comunión es sentencia que estraña, e aparta al ome contra quien es dada a las vezes de los sacramentos de la Santa Eglesia, e a las vegadas de las compañas de los leales Christianos (*Partida* I, título XI, ley 1ª). El lobo, según las palabras del mastín, era, por tanto, un *vitando*: *descomulgado de mayor descomunión*. Asimismo, nos habla el mastín del documento en que se contenía la sentencia: la constitución del legado papal. Este legado, o enviado de Sumo Pontífice a la provincia donde habitaba el lobo, tenía la potestad de excomulgar y absolver por delegación del Papa. En muchos casos, tales legados tenían también competencia para conocer de las apelaciones en materia eclesiástica.[61]

8. *La confesión y la reconvención*

Ante excepciones tan contundentes, al lobo y a su abogado no les queda más remedio que admitir que son verdad. Pero, la zorra no se conforma con la confesión del lobo, que suponía su absolución en instancia, y solicita la *reconvención*, mediante la cual la acusación presentada se vuelve contra el demandante.[62] Ambas

---

[61]   *Cf. Partida* I, título IX, ley 23ª, donde leemos: *la tercera manera de legados es, aquellos que lo son, en razon de sus eglesias por privilegio del Papa. [...] Pero estos pueder oyr* [en sentido técnico, 'juzgar']: *e librar las querellas de sus provincias. E aun puedense alçar a ellos en los juyzios, dexando en medio algunos de los judgadores, tan bien los Obispos, como los otros perlados menores.* La referencia equivale a nuestro actual arzobispo, que es a quien correspondía haber excomulgado al lobo.

[62]   Creemos que no nos será difícil demostrar que la zorra se excedió en su afán de venganza. Ya intentamos explicar, con la brevedad a que nos obligan nuestros conocimientos, que, en la Edad Media, se oponían *ira* y *acidia*, en el sentido de que la primera suponía una 'actividad excesiva y desordenada', mientras que la segunda servía para expresar lo contrario: una 'pereza acompañada de malicia envidiosa'. También expresamos que no había que perder de vista el hecho de que nuestra fábula era un *ejemplo* de acidia, que servía para dictar una lección de Derecho común y retórica forense. El pecado que fue tratado inmediatamente antes no podía ser otro que el de la *ira*, cosa que, efectivamente, es así: *cf.* est. 311-316 (la acidia empieza en la est. 317). El lobo viene caracterizado como acidioso, todo lo contrario que la zorra, que actuó

partes presentan entonces sus alegaciones (los actuales escritos de conclusión) y piden entonces que el alcalde dicte sentencia:

> El galgo e el lobo estavan encogidos:
> otorgáronlo todo con miedo e amidos.
> Diz luego la marfusa: «Señor, sean tenidos
> en reconvención; pido que mueran, e non oídos».

> Ençerraron raçones de toda su porfía:
> pidieron al alcalde que les asignase día
> en que diese sentençia, qual él por bien tenía;
> e asignóles plazo después de la Epifanía.

En suma, las palabras del narrador inducen a pensar que, ante los contundentes argumentos del mastín, se produce la confesión del lobo. Este tipo de prueba recibía diferentes denominaciones: *confessio, agnitio, conosciencia,* etc. Y, entre ellas, también la de *otorgamiento* que podemos relacionar con la expresión que tenemos en 339b: *otorgáronlo todo*. En las *Partidas*, se hace referencia a esta institución procesal con las palabras *conocencia* y *otorgamiento*: *Conocencia, es respuesta de otorgamiento, que faze la una parte a la otra en juyzio* (*Partida* III, título XIII, ley 1ª). En cambio, no aparece el término *confesión*, que emplea Juan Ruiz en 362a, 363a, 364a y 365b. No hemos encontrado este tecnicismo en las leyes alfonsinas, aunque era, desde luego, el término propio del Derecho romano y, como tal, aparece en el *Speculum iudiciale* (Lib. II, Partic. II *De confessionibus*, ap. 3, nº 22): *Quid si actum est de furto civiliter, et reus confessus est, nunquid ex tali confessione condenabitur in iudicio criminali postmodum contra eum instituto?*

---

con diligencia. Sin embargo, la acidia del lobo ha provocado la ira de la zorra, que se vio perseguida por el lobo, encausada y en la posición de acusada. Y la zorra, siendo igual que el lobo, pide ahora que éste sufra lo que le tenía reservado para ella. El argumento se nos vuelve circular: si el lobo no podía acusar a la zorra, ésta, por la misma razón, no puede acusar a aquél. Es de nuevo el caso de la sartén y el cazo. Y el juez seguirá esta línea de razonamiento lógico en su

Dentro de los medios de prueba (documentos, testigos, inspección ocular del juez) la prueba-reina es la confesión. A pesar de que el mastín ovejero había alegado unas excepciones cuya carga de la prueba debía asumir, la confesión del lobo lo eximía tanto de la presentación de testigos de sus hurtos, como de la exhibición de la constitución de legado que demostraba su excomunión. La confesión del lobo, que implicaba el reconocimiento de todo lo aducido por el mastín, vinculaba al juez, como deja claro. por ejemplo, la ley 2ª del título XIII de la *Partida* III: *E porende el judgador, ante quien es fecha la conocencia, debe dar luego juyzio afinado por ella.* El reconocimiento de los hechos expuestos por el abogado de la raposa implicaba la confirmación de la incapacidad del lobo para ejercitar su acción. Y ello habría supuesto la finalización del proceso, mediante sentencia de absolución en instancia, esto es, una sentencia que no entra a juzgar sobre el fondo, por impedirlo problemas previos de forma: no habría, pues, sentencia de cosa juzgada material, sino formal. Sin embargo, la zorra, sin tener en cuenta la opinión de su abogado y tremendamente indignada con el lobo, decide reconvenir.

La *reconvención* es una figura procesal que permite al demandado colocarse en la posición del actor en el mismo proceso, de forma tal que el demandante se convierte entonces, y a un tiempo, en demandado; e, igualmente, el reconviniente ocupa la posición de demandado en relación a la demanda del *actor primitivo*, a la vez que era el demandante o *actor reconvencional* en la nueva demanda por él promovida. La peculiaridad de esta figura consiste en que las pretensiones de ambos actores se ventilan en el mismo proceso y con la misma sentencia. En la actualidad, la reconvención debe proponerse, en los casos procedentes, en el momento de la contestación de la demanda. Y, en ningún caso, se admite después de efectuada la contestación. En las *Partidas* parece admitirse su proposición incluso después de la contestación:

E aun dezimos que despues quel demandado haya respuesto a la demanda de su contendor ante el juez delegado, si el quisiere fazer otra demanda al demandador delante ese mismo juez, que lo puede

> *fazer como en manera de reconvencion* (*Partida* III, título IV, ley 20ª).

El lobo, por su parte, debió oponerse a la grave petición de la zorra, según veremos más adelante. Luego, las partes hicieron una intervención final, en la que resumieron todos sus argumentos: la expresión *ençerraron razones* alude al momento procesal de la *conclusión*, con el que finaliza la *fase expositiva del proceso*. Después de la conclusión, procedía sólo el pronunciamiento de la sentencia. La fórmula *encerrar razones* la hemos constatado tanto en las *Partidas*, como en el *Ordenamiento de Alcalá*, con el sentido mencionado.[63]

Tras los alegatos finales, don Simio señala a las partes el término en que tendría lugar la lectura de la sentencia. Así pues, el lobo, la zorra y sus abogados quedaron emplazados para el día siguiente al de la Epifanía. Recordemos que, en su demanda, el lobo había declarado que el delito se había cometido *agora, en el mes que pasó de febrero* (326a), con lo que la acusación (y la primera sesión del juicio) debió formularse en los primeros días de marzo. Luego, el alcalde dio un plazo de veinte días para que la zorra buscase abogado y contestase, al término, a la demanda. La presentación de las excepciones por parte del mastín ocurrió, pues, a finales de marzo, siendo que, en esta segunda sesión, se leyeron también los escritos de conclusiones y quedó la causa vista para sentencia. Esta tercera y última vista iba a efectuarse probablemente poco tiempo después. Pero no es esto lo que sugiere, normalmente, la fecha de

---

sentencia: no podrá condenar a ninguno, pero no absolverá sin más a las partes de su delito habitual.

[63] *Cf. Partida* III, título II, ley 25ª: *E esto es, porque alli do la demando generalmente, encerro todas las razones, porque la podía demandar.* También, en el *Ordenamiento de Alcalá*, leemos: *Desque fueren raçones ençerradas en los pleytos para dar sentencia interlocutoria o definitiva...* La sentencia interlocutoria era pronunciada por el juez antes de la definitiva y, en ella, el juez exponía su decisión acerca de cualquiera de los incidentes planteados en el juicio o de las excepciones dilatorias o perentorias. En la actualidad, todos los pronunciamientos del juez anteriores al fallo que pondrá fin al pleito, se denominan resoluciones

la Epifanía de Nuestro Señor, fiesta que se celebra el seis de enero y cuyo símbolo más saliente es la Adoración de los Reyes Magos. El término asignado por el juez para la vista de la sentencia debe ser, pues, el siete de enero, dato también interesante por cuanto, en los días de fiesta religiosa, no podía el juez efectuar emplazamientos, ni pronunciar sentencias, ni tampoco podían las partes llevar a cabo actos procesales. El desacato de tal norma derivaba en la nulidad de dichas actuaciones:

> *Guardadas deven ser todas las fiestas [...] e mayormente las de Dios, e de los santos porque son espirituales, ca las deven todos los Christianos guardar, e demas desto non deve ningun judgador judgar, nin emplazar en ellas* (*Partida* I, título XXIII, ley 2ª).[64]

Estaremos de acuerdo en que el juez se tomó sus buenos nueve meses para alumbrar su sentencia. ¡Y todavía hablamos de las hodiernas dilaciones indebidas en la administración de justicia!

9. *Conducta de jueces y abogados: el cohecho y la prevaricación*

Don Ximio fue a su casa, con él mucha compaña:
con él fueron las partes, conçejo de cucaña;
ahí van los abogados de la mala picaña,
por bolver al alcalde; ninguno non lo engaña.

Las partes cada una a su abogado escucha:
presentan al alcalde, qual salmón e qual trucha,
qual copa e qual taza, en poridat aducha;
ármanse çancadilla en esta falsa lucha.

Aquí, el autor nos presenta, satíricamente, una práctica que solía llevarse a cabo con bastante frecuencia, a pesar de la prohibición legal que pesaba sobre ella: el *cohecho*. Nuestro *Código penal* recoge,

---

interlocutorias, reservándose el término *sentencia* sólo para el pronunciamiento

dentro de este tipo delictivo, las conductas consistentes, bien en la solicitud o la recepción de presentes, dádivas o promesas por parte de la Autoridad o funcionario público, con el fin de llevar a cabo, en el ejercicio de su cargo, actos constitutivos de delito, bien en el ofrecimiento igualmente de presentes, dádivas o promesas, por un particular con el fin de corromper a la Autoridad o funcionario público. Por lo tanto, nuestra ley penal quiere castigar tanto al funcionario que promueve el acto de corrupción (solicitud) o se deja corromper (recepción), como al particular corruptor. En las *Partidas* también se recoge la figura del *cohecho*, aunque no como tipo independiente, sino dentro del tipo genérico de las *falsedades*, que agrupaba conductas tan heterogéneas como las actuales falsedades documentales, la revelación de secretos procesales, la deslealtad profesional, el falso testimonio y la prevaricación. Este delito de falsedades se regula en el título VII de la *Partida* VII, en cuya ley 1ª leemos: *E aun dezimos que falsedad faze todo ome que se trabaja de corromper el juez, dandole, o prometiendole algo porque dé juyzio tortizeramente*. El autor nos presenta, precisamente, a las partes intentando el cohecho: aconsejadas por sus abogados, ofrecen regalos al juez en secreto, con la intención de que, en la sentencia, se vieran favorecidos sus intereses.[65] El narrador no nos

---

definitivo, en el que se estimarán o desestimarán las pretensiones de las partes.

[64]   En esto mismo incide la *Partida* III, título II, leyes 44ª y 35ª.

[65]   Cuando don Simio levanta la segunda sesión y se va a su casa con el juicio visto para sentencia, lo siguen el público asistente y las partes, que, en ese momento, dependen de él. A las partes se las llama *conçejo de cucaña*. En su edición del Arcipreste, CEJADOR (1955: p. 128) explica que, con esta expresión, se alude a un juego en el que se reunían cierto número de jóvenes —de ahí, *conçejo*— que competían para ver quién subía hasta la parte más alta de un poste engrasado —la *cucaña*—, donde se encontraba un gallo u otro premio. Por su parte, COROMINAS, en la suya (1967: p. 158), estima que *cucaña* tiene el sentido de 'picaresca' y cita el v. 122a, donde se alude a Ferrand García, el mensajero del Arcipreste que le había «birlado» a Cruz. De él dice Juan Ruiz: *Del escolar goloso, compañero de cucaña,/ fize esta otra troba*. GYBBON, por su parte ([1988]1990: p. 135), se apoya en COROMINAS, cuya interpretación sigue, y glosa *de cucaña* como 'pícaro': «*cucaña* se deriva del francés *coqaigne*, «provecho (?)», lo mismo que el inglés *Cockaigne*. *Gente de cucaña* sería 'gente que aprovecha' (*cfr.* 341b, *conçejo de cucaña*). En inglés, *Land of Cockaigne* es

dice claramente si don Simio aceptó o no los presentes, pero nos deja entrever que no lo hizo: *ninguno non lo engaña*. En cualquier caso, comprobaremos más tarde que el juez *usó bien de su oficio e guardó su conçiençia* (347b); ya antes, cuando los abogados intentan conseguir de él alguna señal que les indique el tenor de la sentencia que ha de pronunciar, el alcalde les *mostrava los dientes, mas non era reir* (345c).

Esto parece asegurar la idea de que el buen don Simio no quiso atender a los ofrecimientos de las partes y de sus abogados, que son descritos como *conçejo de cucaña y de la mala picaña*, términos algo confusos que Corominas entiende como relacionados con la palabra *pícaro,* si bien el primero sólo en lo referente al sentido. Lo cierto es que ambos términos son empleados sólo dos veces cada uno en el *Libro* y el otro empleo de *picaña* se nos muestra en la estrofa 222, cuando se trata del pecado de la codicia y allí aparece relacionado de nuevo con el *furto* y con el *cuco*. Veamos las dos estrofas en que el Arcipreste presenta a don Amor como el causante de que los amantes sean codiciosos y hurten por tener que cumplir las promesas hechas a sus amadas:

> Cobdiçian los averes que ellos non ganaron,
> por complir las promesas que con amor mandaron;
> muchos por tal cobdiçia lo ajeno furtaron,
> por que penan sus almas e los cuerpos lazraron.

> Murieron por los furtos de muerte sopitaña,
> arrastrados e enforcados, de manera estraña.
> En todo eres cuquero, y de mala picaña;
> quien tu cobdiçia tiene, el pecado lo engaña.

---

ra. Aunque sea peor, entendemos más claramente, en el contexto del 341b, la explicación de CEJADOR. Formando parte del «séquito» del alcalde figuran también los abogados de las partes: *ahí van los abogados de la mala picaña*, dispuestos asimismo a *bolver al alcalde*, esto es, a incitarlo para que prevarique. COROMINAS (*ibid.*) glosa el complemento nominal *de la mala picaña* como 'de la mala picardía' y, en su *Diccionario* (*cf. s. v.*), afirma que *picaña* supone la sustantivación del adjetivo *picaño* ('pícaro') en femenino.

Estos abogados de la mala picaña han aconsejado a las partes que intenten sobornar a don Simio y éstas le llevan, en secreto, regalos más o menos equivalentes: *ármanse çancadilla en esta* falsa *lucha*. Nos ha creado problemas la interpretación de *esta falsa lucha*: entendemos, en principio, que la lucha de las partes era falsa, por no ser cierta ni segura, en el sentido de que las zancadillas que se ponen con el intento de cohecho al alcalde no tienen nada que ver con las auténticas armas procesales de que dispusieron en el escrito de conclusiones. También pensamos que *falsa* alude a que no van a sacar nada de su vehemente intento de cohecho, como se presagia aquí y se constata seguidamente. Por último, de manera más prosaica, *falsa lucha* puede aludir al pleito, a la *litis*, de donde deriva nuestra *lid*: este pleito no es un enfrentamiento «de verdad», porque ocurre entre animales y porque, en todo caso, no es una lucha a puñetazos, sino una pugna sublimada, donde el actor ataca con acciones y el demandado se defiende con excepciones.

Lo cierto es que la tentativa de cohecho no tuvo éxito y que don Simio actuó conforme a lo que los preceptos legales establecían para el ejercicio de la actividad del juzgador: *que los pleitos que vinieren ante ellos, que los libren bien y lealmente, lo mas ayna e mejor que supieren: e por las leyes deste libro, e non por otras. E que por amor, nin por desamor, nin por miedo, nin por don que les den, nin les prometan, que non se desvien de la verdad nin del derecho [...] que, en cuanto tovieren los oficios, que ellos, nin otro por ellos, non reciban don, nin promissión, de ome ninguno, que aya movido pleyto ante ellos* (según prescribe la *Partida* III, título IV, ley 6ª, que se refiere a nuestro *cohecho*). En definitiva, no creemos que don Simio pudiera ser acusado de cohecho ni tampoco de prevaricación, pues, como veremos, su fallo fue justo.

Del cohecho ya hemos tratado y quedó claro cómo la conducta del lobo y de la raposa se ajustaba a este tipo. De la prevaricación no hemos dicho nada, salvo que se incluía, en las *Partidas*, dentro del tipo de las falsedades. Pero, es interesante distinguir la figura jurídica de la prevaricación de la del cohecho, a la luz de nuestra ley penal actual y de las *Partidas*. Conforme al vigente *Código penal*, aprobado en 1995, el cohecho difiere de la prevaricación en varios puntos:

1. El cohecho es un delito contra la Administración pública, en general, en tanto que la prevaricación atenta también específicamente contra la Administración de Justicia. Por tanto, el ámbito de protección en la prevaricación, en algunos casos, es más restringido que en el cohecho.

2. Desde el punto de vista de los sujetos activos del delito, podemos observar que el *cohecho* puede manifestarse, tanto en la forma de delito especial,[66] si el que realiza la acción de solicitud o recepción es un funcionario o Autoridad pública, como en la forma de delito común, si el que lleva a cabo la conducta delictiva es un particular. La prevaricación es siempre un delito especial, pues el sujeto activo únicamente puede ser aquel que pertenece al cuerpo de funcionarios públicos, a saber, jueces, magistrados, secretarios judiciales, Autoridades públicas, etc.

3. En cuanto a los supuestos de hecho de ambos delitos, no vamos a repetir lo dicho sobre el cohecho pero sí nos detendremos en explicar en qué consiste la prevaricación. Esta figura describe varios comportamientos: el pronunciamiento de sentencias o resoluciones injustas, dolosamente o por imprudencia grave o ignorancia inexcusable; la falta o el retraso maliciosos del pronunciamiento de sentencia; y, para el caso de los secretarios judiciales, toda acción u omisión, encaminada a la consecución de un fin ilegítimo, que produjere un retardo en la Administración de Justicia. Todo ello, nos lleva a concluir que sólo los funcionarios son susceptibles de cometer tanto prevaricación como cohecho. Incluso, en numerosas ocasiones, la relación entre el cohecho y la prevaricación es una relación de causa a efecto: un juez dicta una sentencia injusta, a sabiendas de que es injusta, porque una de las partes, por sí o mediante un tercero, le hace un ofrecimiento o una promesa, con el fin de verse favorecida por su sentencia, y éste acepta. Éste sería un ejemplo en el que concurriría la prevari-

---

[66] Un *delito especial* es aquél en que el sujeto activo del mismo debe reunir unas condiciones determinadas que impliquen que la acción cometida por éste sea considerada delito, por ejemplo, un funcionario público, un facultativo, un miembro de los cuerpos o fuerzas de seguridad del Estado, etc.

cación y cohecho. La situación, en el código alfonsino, es distinta, puesto que solamente existía el tipo general de las falsedades, que cubría tanto lo que hoy entendemos por cohecho, según ya vimos, como lo que denominamos prevaricación: *Otrosí dezimos que todo judgador que da juyzio a sabiendas contra derecho faze falsedad* (*Partida* VII, título VII, ley 1ª).

Sin embargo, lo que sí se contempla en las *Partidas* es la conducta del abogado que perjudica a sabiendas a su defendido en un proceso, en favor de la otra parte. Este sujeto es denominado *prevaricator: Esso mismo dezimos que faria el abogado que apercibiesse a la otra parte contra quien razonaba el pleito a daño de la suya, mostrandole las cartas, o las poridades de los pleytos que razonava, o amparava: e a tal abogado dizen en latin prevaricator* (*Partida* VII, título VII, ley 1ª). Este tipo delictivo se contempla, en nuestro *Código penal*, dentro de los delitos contra la lealtad profesional.

Otro dato curioso es el hecho de que el término *cohecho*, procedente del participio de pretérito de *conficere* 'arreglar un asunto', 'terminar', no se encuentre en las *Partidas*. Corominas constata su primera aparición en los fueros leoneses (*ca.* 1209). En estos textos, tenía el sentido de 'entrar en conciliación'. No obstante, ya en algunos fueros posteriores tiene el sentido de 'pago ilícito que exige un funcionario'. En las *Cortes de Burgos de 1315* también se hace alusión al 'pago ilícito'. Y también lo encontramos en el *Ordenamiento de Alcalá*, de donde parece deducirse que el sujeto activo, el cohechador, era el funcionario, y no el particular.

10. La sentencia

10.1. Momentos previos a la lectura: la avenencia

> Venido es el día para dar la sentençia:
> ante el juez las partes estavan en presençia;
> dixo el buen alcalde: «Aved buena abenençia,
> ante que yo pronunçie e vos dé la sentençia»

> Pugnan los avogados e fazen su poder,
> por saber del alcalde lo que quiere fazer;
> qué sentençia daría, o quál podría ser;
> mas non podieron de él cosa saber nin entender.

> De lexos le fablavan por le fazer dezir
> algo de la sentençia, su coraçón descobrir;
> él mostrava los dientes, mas non era reír;
> coidavan que jugava, e todo era reñir.

> Dixiéronle las partes e los sus abogados
> que non podrían ser en una acordados,
> nin querían abenençia, para ser despechados;
> piden que por sentençia fuesen de allí librados.

> El alcalde letrado e de buena çiençia
> usó bien de su oficio e guardó su conçiençia:
> estando assentado en la su abdiençia,
> rezó él, por sí mesmo escripta, tal sentençia.

Una vez cumplido el término asignado por el juez, las partes comparecen, nuevamente, para conocer, por fin, el fallo contenido en la sentencia. Sin embargo, antes de hacer su pronunciamiento, don Simio propone al lobo y a la zorra que se avengan: la figura del *avenimiento* o *avenencia*, último intento para que las partes, en los procesos civiles, se pongan de acuerdo. La palabra *abenençia*, según Gybbon-Monypenny ([1988]1990: p. 177), «parece ser una formación castellana sobre el verbo ADVENIRE/abenir. Du Cange da ADVENIMENTUM». Las *Partidas* nos hablan de la *avenencia de las partes* como una de las formas de que disponía el juez para librar los pleitos: *Otrosí decimos que si alguna cosa fuere demandada en juicio delante del judgador ordinario..., si aquel pleyto quisiessen meter en poder de él en tal manera que lo librasse por avenencia de las partes o en otra guisa qual él toviesse por bien asi como amigo comunal...* (*Partida* III, título IV, ley 24ª). Y la ley 22ª del título I de la *Partida* VII nos pone en relación la *avenencia*, del primer hemistiquio de 346c, con el *ser despechados*, del segundo (*nin querían abenençia, para ser despechados*): *e porende por miedo que han de la pena, trabájanse de fazer avenencia con sus adversarios pechándoles algo.* Frente a lo que pensaban Cejador y Corominas, en sus respectivas ediciones del *Libro de buen amor*,[67] creemos que está claro el sentido de lo que dice Juan Ruiz, como lo certifica la ley alfonsina citada: las partes se mantuvieron irreconciliables en sus diferencias y rechazaban la avenencia, porque ésta les obligaba a pagar las costas del juicio. No quieren, por tanto, acabar el pleito de otra manera que por sentencia. Por otra parte, ya dentro de la sentencia (*cf.* v. 351d), volvemos a encontrarnos con el término *pecho* —'pago': *e non ruego nin pecho*, que, de ninguna manera, puede entenderse a la manera de Cejador o Corominas. *Infra* veremos que fueron efectivamente eximidas las partes del pago de las costas.

Parece que son, sobre todo, los abogados a quienes no interesa desde el principio la proposición de avenencia. Lo que pretenden, tan denodadamente como en balde, es averiguar el contenido de la sentencia: *De lexos le fablaban por le fazer dezir/ algo de la sentençia, su coraçón descobrir.* La expresión *descubrir el corazón* se emplea también en las *Partidas.* El epígrafe de la ley 13ª del título IV de la *Partida* III reza como sigue: *Cómo los judgadores deven*

---

un país imaginario donde todo es fácil». De todos modos, la interpretación de *cucaña* como 'Jauja' y la relación con 'pícaro' no nos parece del todo cla

[67]   J. CEJADOR (1955: p. 129) y J. COROMINAS (1967: p. 158) creen que este *despechados* tiene que ver con *despecho*, con el sentido de 'despreciados', 'ofendidos'. Pero está claro que este *pecho*[1], como clasificarían lexicógrafos y estructuralistas, procede de lat. *pactu(m)*, 'pago', como *pagar* procede de lat. *pacare*; y *despechados* significa 'sin pago', 'eximidos de hacer el *pecho*'. Y otra cosa

guardar que las partes non entiendan lo que tienen en su coraçon de judgar fasta que den sentencia. Y, en la misma ley podemos leer: [los jueces] *deven mucho encubrir sus voluntades, de manera que non muestren por palabras, nin por señales, que es lo que tienen en coraçon de judgar, sobre aquel fecho fasta que dén su juicio afinado.* Al juez se le exigía, por tanto, la firmeza necesaria para mantener en secreto sus actuaciones y para que, en ningún momento, durante el proceso se dejaran traslucir sus intenciones, antes de dictar sentencia.

Y, en nuestra fábula, don Simio se mantiene tan firme e imperturbable en esta contingencia, como se había mostrado ante la tentativa de cohecho. La enemistad de la zorra y el lobo y la táctica empleada por sus abogados llevan a las partes a pedir que sólo *por sentençia fuesen de allí librados.* Entonces, la estrofa 347 nos presenta a don Simio como un dechado de profesionalidad jurídica, como un espejo de jueces (*el alcalde letrado e de buena çiençia/ usó bien de su oficio y guardó su conçiençia*), que, presidiendo el juicio, *dicta sentencia:*[68] *estando assentado en la su abdiencia,/ rezó él, por sí mesmo escripta, tal sentençia.* Una vez más el narrador nos pone en conocimiento que el docto don Simio, un verdadero profesional del Derecho (*letrado e de buena çiençia*) cumplió todas las formalidades requeridas (*usó bien de su oficio*) a la hora de pronunciar su sentencia.[69] En efecto, el Derecho común, para evitar las entonces frecuentes corruptelas de los jueces, cuando actuaban en sitios remotos y alejados de la fiscalización pública, en los que no quedaba constancia del pronunciamiento, exigía la lectura, en público, del fallo, en el lugar legalmente destinado a ello, esto es, en la audiencia (que apareció también en 336d). *Abdiençia* es un cultismo que fue introducido, en nuestra lengua, precisamente en

---

es el lat. *pectus*, origen de nuestro *pecho*[2], con el que aquél guarda una relación que tradicionalmente se ha llamado de homonimia.

[68] No olvidemos que *dictar* proviene del lat. *dictare*, derivado frecuentativo e intensivo de *dico*, con el significado de 'decir en voz alta', 'repetir', 'dictar'; *cf.* ERNOUT-MEILLET(1967: p. 173).

[69] *Cf.* la ley 1ª del título IX de la *Partida* II, donde se nos dice que *Oficio tanto*

el siglo XIV. *Audiencia*, en la lengua del Derecho tenía el sentido de 'lugar donde se oyen los pleitos', significación que ha perdurado en los sintagmas del tipo de Audiencia nacional o Audiencia provincial. La exigencia de actuar en audiencia podemos constatarla en las *Partidas*, donde se da gran importancia a este requisito y a otros que debían acompañar a la lectura de la sentencia: *De día e non de noche seyendo las partes emplazadas deve el judgador dar su juyzio, mas si el demandador e el demandado non fuessen emplazados, maguer que él sepa toda la verdad del pleyto, non deve entonce él* [el juez] *juzgar sobre él* [el pleito], *mas dévelos emplazar quando él quisiere dar su juyzio que vengan ante él. E despues si vinieren amos, o el uno tan solamente, puede dar su juyzio si entendiere que sabe la verdad del pleyto. Pero ante lo deve fazer escrevir en los actos, e dévelo leer él mismo publicamente si supiere leer seyendo asentado en aquel lugar do solia oyr los pleytos (Partida* III, título XXII, leyes 5ª). Y, en la siguiente ley, en la 6ª, podemos leer: *En escripto diximos en la ley de suso que deve todo judgador dar su juyzio acabado.* Por todo ello, don Simio había emplazado a las partes y leyó él mismo, en su audiencia, la sentencia que previamente había redactado. Mas no siempre era necesaria la escritura y registro de la sentencia, ya que esta garantía procesal no se observaba en los juicios que podríamos llamar, con terminología moderna, «de menor cuantía».

10. 2. *Antecedentes de hecho y fundamentos de Derecho*

En el nombre de Dios, el judgador dezía,
yo don Ximio, ordinario alcalde de Bugía,
vista la demanda que el lobo fazía,
en que a la marfusa furto le aponía,

E vistas las escusas e las defensiones
que puso la gulharra en sus exeçiones,
e vista la respuesta e las replicaciones
que propuso el lobo en todas sus razones,

E visto lo que pide en su reconvención

> la comadre contra el lobo, çerca la conclusión,
> visto todo el proceso e quantas razones son,
> e las partes que piden sentençia e ál non,
>
> Por mí examinado todo el proceso fecho,
> avido mi conssejo, que me fizo provecho,
> con omnes sabidores en fuero e en derecho,
> Dios ante los mis ojos e non ruego nin pecho ...

Hasta aquí llegan los antecedentes de hecho de la sentencia, esto es, la parte expositiva, como antes dijimos. Después, inmediatamente, sigue el fallo o parte dispositiva, que veremos aparte. Pero, ya en este punto, debemos relacionar, de un lado, los términos *sentencia* y *juicio*, y, del otro, *juicio*, *pleito* y *proceso*. En las *Partidas* se introduce *sentencia* como cultismo. Y se emplea como sinónimo de uno de los sentidos que tiene, en el corpus legal alfonsino, la palabra *juicio*: *Juyzio en romance tanto quiere dezir como sententia en latin* (*Partida* III, título XXII, leyes 1ª). Y, poco después, leemos: *La tercera manera de juyzio es la sentencia que llaman en latin diffinitiva que quiere tanto dezir como juyzio acabado que da en la demanda principal fin, quitando o condenando al demandado* (*ibid.*, ley 2ª). Creemos que, en estos ejemplos, se ve claro cómo las *Partidas* intentan difundir la terminología propia del Derecho común, adaptándola en lo posible a las figuras ya tradicionales existentes en el Derecho anterior. Nos atreveríamos a decir, incluso, que, en muchos aspectos, las *Partidas* constituyen la glosa del Derecho romano-canónico escrita en romance castellano.

Juan Ruiz, perito en Derecho romano y canónico, prefiere, en todos los casos, emplear *sentencia* (328b, 336b, 340c, 343a y d, 344c, 345b, 346d, 347d y 370d); en tanto que *juicio* lo emplea con un sentido distinto y próximo a los de *pleito* y *proceso*. Y señalamos solamente «próximo», pues, dependiendo del contexto en que se encuentran, presentan dichos términos matices diferentes, aunque, en algún momento parezcan intercambiables y sinómimos.[70] Así, a) el vocablo *pleito*, que encontramos en el título de

---

[70] Para el problema de la sinonimia (si existe o no, si hay sinónimos absolutos

nuestra fábula y en las estrofas 357b, 360d y 367d, hace referencia a la 'causa', a la 'controversia surgida entre dos sujetos', sujetos que pueden ser ambos privados, si la causa es civil o de tipo penal acusatorio, como en el caso que nos ocupa, o bien puede tratarse de uno público y otro privado, como en la persecución de oficio de delitos. Por su parte, b) el término *proceso*, que constatamos en las est. 350c, 351a y 357c, se refiere al 'cauce formal, a través del cual debe resolverse la controversia jurídica'. Concepto éste que no debemos confundir con el de *procedimiento*, entendido como el 'conjunto de actos que forman una cadena ritual y solemne, que se inicia, como es nuestro caso, con la presentación de la querella y se cierra con el pronunciamiento de la sentencia'. Por último, c) *juicio*, que aparece en 323b, 325d, 329a, 364c y 367a, es un concepto más amplio que el de proceso y que el de pleito. *Juicio*, técnicamente y según nuestra opinión, alude a la 'intervención judicial en la causa'. Esta intervención del juez, el juicio, motivada por el pleito, seguirá el cauce del proceso. Así, *pleito* pone el acento en las partes en conflicto; *juicio*, en el juez; y *proceso*, en los actos formales que se han de seguir. Esta es, en definitiva, la trinidad del Derecho procesal, pues es un lugar común decir que éste se articula en torno a tres conceptos básicos: acción (las partes), jurisdicción (el juez) y proceso (actos formales).

Un hecho destacable de nuestra fábula es que no hace uso del término *juicio* en uno de los sentidos más frecuentes con que aparece en las *Partidas*, a saber, como 'decisión estimatoria o desestimatoria de la pretensión del actor'.[71] Sin embargo, en estas leyes alfonsinas, sí encontramos *juicio* y *pleito* con los sentidos definidos *supra*, como vemos seguidamente: *E non tan solamente ha logar Iusticia en los pleytos que son entre los demandadores e los*

---

quiere dezir como servicio señalado, en que ome es puesto para servir al rey, o al comun de alguna cibdad, o villa.

o no, etc.), que tanto ha preocupado, por ejemplo, a G. SALVADOR, remitimos a M. MORERA (1991) quien explica claramente la inexistencia (y el por qué de la misma) de sinónimos absolutos en la lengua.

[71] Aludimos a la *pretensión* o al *actor* en singular, por simplificar, ya que no desconocemos los casos del *litisconsorcio activo* o de la *reconvención* (que se pro-

demandados en juyzio (*Partida* III, título I, proemio). Y también: *Pidiendo el demandador en juyzio alguna cosa por suya, deve catar el demandado a quien la pide que non entra en el pleyto sobre ella si la non toviere* (*Partida* III, título III, ley 2ª). Por último: *Conocen a las vegadas los demandados, lo que les demandan en juyzio. Pero ponen luego defensiones ante si que han pagado, o fecho aquello que les demandan, o que los demandadores les fizieron pleyto que nunca gelo demandassen* (*Partida* III, título III, ley 8ª).

Entremos ya, ahora, en el comentario de la sentencia de don Simio, que constituye más de un tercio del texto y, probablemente, el momento más importante de este curioso proceso. La sentencia comienza con la debida invocación a Dios, en reconocimento del origen del poder de juzgar:

> *E por que ella* [la Justicia] *es tan buena en si, comprehende todas las otras virtudes principales: assi como dixeron los sabios, porende la asemejaron a la fuente perenal, que ha en si tres cosas. La primera, que assi como el agua que della sale, nasce contra Oriente: assi la Iusticia cata siempre do nasce el sol verdadero, que es Dios* (*Partida* III, título I, ley 1ª).

Sigue con la mención del nombre del juez que la dicta. A continuación, se expresa el nombre de las partes. Y, luego, se alude a la vista de todo el proceso, mediante la fórmula del Derecho romano *visis ... visis*. Ahí se resumen todos los actos procesales realizados por el lobo y la raposa.[72]

---

duce en nuestro texto), donde el juez tiene que ventilar las pretensiones del actor principal y del actor reconvencional en la misma resolución.

[72] A lo largo de la fábula la zorra recibe diversos nombres: *raposa* (321a, 331d, 352c y 366a), *marfusa* (332b, 348d, 362c y 364c), *gulpeja* (329b y 358a) y, ahora, *gulhara* o *gulharra* (349b). En cuanto a *gulpeja*, COROMINAS entiende que no hay por qué ver un cruce entre lat. *vulpes* y germ. *wolf*, ya que parece clara la proveniencia de *vulpecula*, con un cambio de *v* (/b/) en *g* usual en castellano, donde tanto suenan *güeno* y *agüela* como *abuja* y *(a)bujero*. *Marfusa* procede indudablemente del ár. *marfud*, 'ladrón' y, en tal sentido, lo emplea Juan Ruiz, en el tan citado ya episodio de Cruz cruzada, panadera: *el traidor falso, marfuz* (119d). *Raposa* deriva del lat. *raposus*, 'de mucho rabo': COROMINAS

En primer lugar, nos ha llamado la atención el término *aponer*, en 348d (*furto le aponía*), dicho del *furto* de la zorra. Si la etimología es clara, de *adpono*, no lo hemos localizado en el texto de las *Partidas*. En las glosas de Gregorio López sí aparece, pero con uno de los sentidos más habituales que tenía *apponere* en latín, el de 'poner junto a', 'añadir'. El profesor Gybbon comenta: «en el *Speculum iudiciale* lo he encontrado sólo en el contexto de imprimir el sello a un documento [...]. En el sentido de 'acusar', *aponer* puede haberse originado como sinécdoque: aponer el sello a la demanda equivaldría, en efecto, a hacer la acusación».[73] Esta teoría nos parece demasiado aventurada, teniendo en cuenta que el editor inglés no presenta datos suficientes que permitan probar ese desplazamiento semántico. Pensamos, por nuestra parte, que no es necesario acudir, en este caso concreto, a la suposición de que *echarle el sello* a un escrito de acusación significó 'acusar', porque, en el *Fuero Juzgo*, *aponer* significa 'achacar', 'imputar'. Y esto es, precisamente, lo que significa en nuestro texto.

También la palabra *escusa* (que tenemos en 349a, 352d y 364d) merece ser comentada: *excusa* (de *ex-cuso* > *ex causa*) tiene la significación jurídica precisa de 'la no-contestación a la demanda'. En los procesos como este que nos describe el Arcipreste, iniciados

---

explica la conservación de —*p*— intervocálica por relación a *rapiña, rapaz*, etc. Y, por último, a pesar del supuesto origen árabe de *gulhara*, COROMINAS no lo ve claro y lo da como término de origen incierto, aunque relacionado con *vulpeja*.

[73] Véase GYBBON-MONYPENNY ([1988]1990: p. 178), en nota y como comentario al verso 348b, donde, además, se cita un texto del *Speculum* con este sentido («cuius sigillum apponitur»). Sería algo así como 'ponerle el sello, echarle el cuño', pero no nos resulta convincente. No es el procedimiento habitual en la formación de tecnicismos de este tipo. Además, el lobo, en su demanda (*cf.* 325d) había utilizado otro compuesto de *pono*, el término técnico *proponer*: *en juizio propongo contra su malfetría.* Así que, si no se trata de un uso similar a los constatados en el *Fuero Juzgo* para *aponer* (véase *infra*), es posible que, en último caso, hayan intervenido otros factores de la transmisión textual, para corromper el texto. Sabemos que los copistas no eran *sabidores* en Derecho y las transcripciones de *acta* por *apta* o de *esención* (y *exeución*) por *excepción* son prueba de ello. De hecho, dos versos más abajo, en 349b, se usa el verbo simple *poner* para las excepciones de la zorra. Y, de nuevo, dos versos más abajo,

con la presentación de la querella del acusador y denominados por las *Partidas* como *pleytos por demanda e por respuesta*,[74] el demandado, según señalamos más atrás, tenía la obligación de contestar, esto es, de otorgar o negar los hechos expuestos por el demandante, en el término propuesto por el juez para ello, pues el no hacerlo «en plazo», la llamada *contumacia*, determinaba la imposición de una pena pecuniaria: *Otrosi dezimos, que todo ome que fuere emplazado, a querella de otro que venga a fazer derecho, ante su juez que es puesto en las cibdades, o en las villas, si non viniere al plazo, o non embiare ome que razone por el, o si el se fuere sin mandado del judgador, que peche por pena al alcalde medio maravedi, e otro medio a su contendor* (*Partida* III, título VII, ley 8ª). Pero el demandado podía, en principio, quedar exonerado de la obligación legal de responder, si alegaba excepciones. Recordemos que las excepciones, o mejor, su presentación en el momento oportuno, desplazaban a la acción principal, es decir, el juez no podía exigir la contestación del demandado, ni él mismo entrar en el fondo de la cuestión, en tanto no se dilucidaran los requisitos formales previos que legitimaran la interposición de la demanda (capacidad del actor, de los testigos, competencia del juez, etc.). Es por esto por lo que la zorra se excusa. En las *Partidas*, *excusar* se usa precisamente en este contexto. Por ejemplo, en los epígrafes que abren las leyes que tratan de las excepciones (ya sabemos que éste es término técnico latino y que el romance usa *defensiones*) podemos leer, por ejemplo: *Por quales defensiones se puede escusar el demandado de non responder a la demanda* y *Por quales defensiones se puede escusar el demandado de non responder a que non respondan a la demanda* (*Partida* III, título III, epígrafes de las leyes 9ª y 10ª, respectivamente).

En relación al empleo de *defensiones vs. exceptiones*, nos remitimos a lo dicho en el apartado 7), dedicado a la contestación de la demanda y a las excepciones. Sí nos referiremos aquí, sin embargo, a las figuras de la *respuesta* y las *replicaçiones*, propuestas por el

---

en 349d, se emplea el verbo *proponer* para la respuesta y las replicaciones del lobo.

lobo, según se nos dice en 349c, frente a la reconvención de la vulpeja. Pues, si *las escusas e las defensiones* las *puso la gulharra en sus exeuçiones*, y constituían el contenido de dichas excepciones, ahora, en cambio, la *respuesta e las replicaciones* del lobo vuelven a ser términos técnicos, con los que se hace alusión a la *réplica*,[75] medio procesal a disposición del demandante para reaccionar contra las excepciones del demandado, su contestación a la demanda o su petición reconvencional. En este caso, la réplica del lobo se dirige contra la reconvención de la zorra, ya que contra las excepciones no lo hizo. Antes bien, confesó que era cierto lo que se proponía en ellas. Tampoco pudo replicar el lobo contra la contestación de la demanda, porque ésta no se produjo. Así pues, el lobo propuso nuevos argumentos (*razones*, dice Juan Ruiz) contra la grave pretensión de la raposa, argumentos, por otra parte, justificadísimos, como veremos.[76] De que hubo réplica nos enteramos explícitamente ahora, ya que, hasta este momento, el narrador sólo nos había informado de que, tras las excepciones, la confesión del lobo y la reconvención de la zorra, las partes *ençerraron raçones*, expresión equivalente de la *conclusión* propia del Derecho romano, término empleado por Juan Ruiz en 350b (*çerca la conclusión*) y en 370b (*fecha la conclusión*) y 370d (*çerca la conclusión*).

Tras la preceptiva síntesis analítica (el *visis ... visis* del Derecho romano) de todo el proceso, recogida en 351a (*Por mi examinado todo el proçeso fecho*), alude don Simio a una institución jurídica relevante: la de los *consejeros*, que también encontramos en las *Partidas*. Los consejeros eran juristas conocedores del Derecho

---

[74] *Cf. Partida* III, cuyo título III trata de estos *pleytos por demanda y respuesta*, bien distintos de los llamados «pleitos por avenencia».

[75] Nuestro Derecho procesal actual sólo conocía de la *réplica* y la *dúplica* dentro del ámbito civil (no penal) y en los llamados *juicios de mayor cuantía*. Las actuaciones de las partes, antes del escrito de conclusiones, constan, pues, de demanda, contestación a la demanda, réplica y dúplica. *Cf.* la antigua *Ley de Enjuiciamiento civil*, art. 542 a 546.

[76] En este caso son argumentos jurídicos. *Cf.* las leyes 7ª y 8ª del título VI de la *Partida* III: *E al abogado que de esta manera razonare, dévele el judgador honrar, e caber sus razones.* Y la siguiente ley nos dice: *Las palabras, e las razones que los abogados dixeren, sobre los pleytos, que oviessen de razonar en juyzio, estando*

lato sensu, esto es, tanto del Derecho común como del consuetudinario, y de buena fama, cuyo oficio consistía en asesorar al juez acerca de cuál podría ser el fallo más justo y despejar las dudas que pudieran plantearse al juzgador en relación al proceso. Así, la ley 1ª del título XXI de la *Partida* III nos informa de que *pues que juyzio tanto quiere decir, como mandamiento derechurero, razon es que ante que se dé, sea escogido con consejo de omes leales, e sabidores.* Por otro lado, el segundo y tercer versos de la estrofa 351, *avido mi conssejo, que me fizo provecho /con omnes sabidores en fuero e en derecho*, constituyen una variante de la fórmula que debía contenerse en toda sentencia definitiva como la de don Simio: *Sentencia diffinitiva tanto quiere dezir como juyzio acabado, e la carta de tal sentencia deve ser fecha en esta guisa [...], E despues desto deve dezir [...] E sobre todo aviendo tomado consejo con omes buenos, e sabidores de derecho* (*Partida* III, título XVIII, ley 109ª). La parte expositiva de la sentencia acaba con una declaración de justicia y probidad hecha por don Simio, en la que quedamos ciertos de que las tentativas de cohecho y de conocer el fallo antes del momento debido han quedado frustradas: *Dios ante los mis ojos e non ruego nin pecho.*

10. 3. *El fallo*

«Fallo que la demanda del lobo es bien çierta,
bien apta e bien formada, bien clara e abierta;
fallo que la raposa en parte bien açierta
en sus deffensiones e escusa e refierta:

La exeuçión primera es en sí perentoria;
mas la descomunión es aquí dilatoria;
diré un poco della, que es de grand estoria;
¡abogado de romançe, esto ten en memoria!

La exeuçión primera fue muy bien alegada;
mas la descomunión fue un poco errada,
que la constitución deviera ser nombrada,
e fasta nueve días deviera ser provada.

Por cartas o por testigos, o por buen instrumente
de público notario deviera sin fallimiente
esta tal dilatoria provarse claramente;
si se pon por perentoria esto es otramente.

Quando la descomunión por dilatoria se pone,
nueve días a de plazo para el que se opone;
por perentoria más; esto guarda no te encone,
que a muchos abogados se olvida e se pospone.

Es toda perentoria la descomunión atal,
si se pon contra testigos en pleito prinçipal,
o contra juez publicado, que su proçeso non val;
quien de otra guisa lo pone yérralo e faze mal.

Fallo que la gulpeja pide más que non deve pedir:
que de egual, en criminal, non puede reconvenir;
por exeuçión non puedo yo condepnar nin punir,
nin deve el abogado tal petiçión comedir.

Maguer contra la parte, o contra el mal testigo,
sea exeuçión provada, nol farán otro castigo;
desecharán su demanda, su dicho non val un figo;
la pena ordinaria non avrá, yo vos lo digo,

si non fuere testigo falso, o si lo vieren variar,
ca entonçe el alcalde puédelo atormentar;
non por la exeuçión, mas porque lo puede far
en los pleitos criminales; su ofiçio ha grand lugar.

Por exeuçión se puede la demanda desechar,
e puédense los testigos tachar e retachar;
por exeuçión non puedo yo condepnar nin matar,
nin puede el alcalde más que el derecho mandar.

Pero, por quanto yo fallo por la su confesión
del lobo, ante mi dicha, e por otra cosa non,
fallo que es provado lo que la marfusa pon;
pon ende pongo silençio al lobo en esta saçón.

Pues por su confesión e su costumbre e uso,
es manifiesto e çierto lo que la marfusa puso,
pronunçio que la demanda que él fizo e propuso
non le sea resçebida, segund dicho he de suso.

Non le preste lo que dixo, que con miedo e quexura
fizo la confesión, cogido en angostura,
ca su miedo era vano e non dixo cordura,
que adó buen alcalde judga, toda cosa es segura.

Do liçençia a la raposa: váyase a la salvagina;
pero que non la asuelvo del furto atan aína,
pero mando que non furte el gallo a su vezina».
Ella diz que non lo tenié, mas que le furtaría la gallina.

La mayor parte de las estrofas que se contienen dentro del fallo, son, en realidad, consideraciones teóricas (algo similar a los actuales *considerandos*) acerca de los actos llevados a cabo por las partes: a) En primer lugar, señala la validez formal de la querella del lobo, presentada por escrito, con los requisitos legalmente exigidos. b) Luego reconoce, en parte, la procedencia tanto de las excepciones, como de los otros actos procesales realizados por la zorra: de la *excusa* ya hemos tratado; de las excepciones nos volveremos a ocupar seguidamente; pero, antes nos aproximaremos brevemente a la figura de la *refierta* (est. 352d). La palabra *refierta* (> *reyerta*; en Canarias, se conserva *rejerta*), hace, en este caso concreto, alusión a la *dúplica* procesal y se opone a las *replicaçiones* del verso 349c, nuestra actual *réplica*: en la *reyerta*, o dúplica, la raposa intentó refutar los argumentos expuestos por el lobo en la réplica. Corominas, en su *Diccionario crítico-etimológico español e hispánico*, (*cf. s.v.*), no lo ha entendido del todo así y señala: «REYERTA, antiguamente, *rehierta*, y más antiguamente *refierta* [...] probablemente del lat. vg. *REFERITARE, derivado de REFERRE 'replicar', 'rechazar' [...]; también está el sentido de 'réplica', y aun con aplicación judicial: *fallo que la raposa es en parte byen çierta/ en sus deffensiones, e escusa e rrefierta* J. Ruiz 352d (en el proceso del lobo y la raposa ante don Ximio, repitiendo lo que ha llamado antes *vista la rrespuesta e las rreplicaciones*)». Consideramos que la interpretación de Corominas es «un poco errada», para emplear la expresión del Arcipreste. No dudamos que *refierta* tuviera el sentido de 'réplica', pero, en nuestra fábula, no se refiere a la 'réplica procesal', sino a la *dúplica*, acto que corresponde al demandado. El lobo ya había efectuado la réplica, de manera que, en este contexto y desde un punto de vista técnico, *replicaçiones* y *refierta* no pueden ser reputados como sinónimos.

En relación con las excepciones, el Arcipreste explicará detallada, técnica y convincentemente por qué una de ellas no surtirá el efecto deseado por el mastín y su defendida. La primera excepción, como acertadamente señala don Simio, era *per se perentoria*, puesto que las condenas por hurto que había sufrido el demandante habían determinado su mala fama y la prohibición perpetua de deponer en juicio contra otro, salvo en el caso de que la acción delictiva se dirigiera contra él, o sea que el lobo fuera la víctima.[77] Y fue bien alegada, por cuanto sus efectos eran resolutivos: tenía la eficacia jurídica de extinguir la acción del lobo y *dar remate al pleyto*, según la ley 11ª del título III de la *Partida* III. Las sentencias judiciales condenatorias que habían recaído contra el lobo constituyen lo que, en la moderna ciencia del Derecho procesal, se denomina *prueba preconstituida*, esto es, el juez la toma como un hecho probado sin más averiguaciones. Además, según el juez y el Derecho, la excepción fue propuesta en un momento oportuno, ya que este tipo de excepciones podía alegarse antes de la contestación a la demanda o durante la acción principal: *Aduzen defensiones los demandados, non tan solamente, ante que el pleyto sea començado por respuesta, assi como diximos en la ley ante desta: mas aun despues* (*Partida* III, título III, ley 11ª).

La segunda excepción, sin embargo, presenta algunos problemas que le sirven de pretexto al Arcipreste para dar otra lección, esta vez más pormenorizada, de Derecho común a todos aquellos partidarios del Derecho tradicional (esto es, de los fueros), que

---

delante aquellos, cuyos bozeros son, mucho las deven catar, e asmar afincadamente, ante que las digan.

[77] Véase glosa de Gregorio López a la ley 2ª del título I de la *Partida* VII, marcada con la letra *k* (glosa a las palabras *aquel que es dado por de mala fama*):

desconocían la aplicación de estas instituciones jurídicas: de ahí, una nueva invocación, como en 320d, a los abogados que no sabían Derecho común ni andaban metidos en latinajos: *¡abogado de romançe, esto ten en memoria!*. Don Simio dice de la excepción basada en la excomunión del lobo que, aunque el abogado de la demandada quiso proponerla como perentoria, con los efectos resolutivos ya vistos de la primera excepción, esta segunda sólo podía ser dilatoria y sus efectos eran meramente suspensivos: el proceso no podía seguir en tanto no cesara la causa en que se fundaba dicha excepción. Estas excepciones dilatorias debían proponerse sólo antes de la contestación a la demanda, de manera que su proposición durante la sustanciación de la acción principal determinaba su improcedencia y, por tanto, su inadmisión a trámite:

> *Defiéndense los demandados a las vegadas de las demandas que les fazen, poniendo defensiones ante si, que son de tal natura, que aluengan el pleyto, e non lo rematan. E llamanlas en latin dilatorias, que quiere tanto dezir, como alongaderas [...] que atales defensiones como estas, o otras semejantes dellas, poniendolas el demandado, ante que responda la demanda, e averiguandolas, deben ser cabidas. Mas si despues que el pleyto fuesse començado por respuesta, las quisiesse poner alguno ante si, nol deven ser cabidas* (Partida *III, título III, ley 9ª).*

Una vez alegadas, debían probarse en el plazo dispuesto por el juez para ello. Tras el período de prueba el juzgador debía pronunciar sentencia interlocutoria, término ya explicado, sobre ellas.

Esta era la regla general sobre las excepciones dilatorias impuesta por el Derecho común. Sin embargo, esta regla tenía sus excepciones. Y una de ellas es la que nos presenta el Arcipreste: la excomunión era una excepción dilatoria, pero anómala,[78] ya que podía

---

cum dicit dado por de mala fama admittitur tamen infamis infamia iuris si suam vel suorum prosequat iniuriam.
[78] Véase glosa de Gregorio López a la ley 8ª del título III de la *Partida* III,

oponerse en cualquier momento del proceso. Asimismo, el *Speculum iudiciale* nos dice claramente que *Porro exceptio excommunicationis potest quoad hoc anomala dici, quamvis dilatoria sit, potest tamen in omni parte litis & ante contestationes & post sententiam opponi* (*Speculum iudiciale* II, Partic. I, «De exceptionibus», ap. 2, núm 8º). De esta manera, la excepción dilatoria de excomunión, opuesta durante la acción principal y en determinados casos, como los que cita don Simio (*Es toda perentoria la descomunión atal,/ si se pon contra testigos en pleito prinçipal,/ o contra juez publicado, que su proçeso non val*), tenía los efectos de una excepción perentoria. Pero el mastín alegó la excomunión del lobo antes de contestar la demanda, y no durante la acción principal,[79] que no se sustanció; y, además, no la opuso contra testigos, ni contra un juez excomulgado públicamente, de manera que esta excepción sólo podía tener aquí la eficacia de una dilatoria. Para ser perentoria habría debido oponerse después de la contestación, momento tras el cual se iniciaba el conocimiento de la causa principal, esto es, del contenido de la demanda o acusación, y, según he dicho, contra testigos o contra el juez que hubiera sido excomulgado públicamente (*iudex publice excommunicatus*).[80]

Por otro lado, don Simio añade que, en este caso, la excepción dilatoria de excomunión ni siquiera habría podido producir los efectos propios de las dilatorias, porque el mastín no facilitó los datos que permitieran identificar la constitución sinodal del Arzobispo, en la que se decretó la excomunión del lobo (*la costituçion deviera ser nombrada*), y porque no la probó, oportunamente, dentro de los nueve días siguientes a su proposición, mediante cartas, testigos o documento notarial (*cf.* est. 354 y 355). A estos tres medios probatorios se alude, en numerosas ocasiones, en los

---

marcada con la letra *d* (glosa a *dar plazo al demandado*): *Sed quid dices exceptio tamen excommunicationis in quacumque parte iudicii opponi potest.*

[79]   Nos parece acertada la lección del profesor GYBBON, que hemos seguido en nuestro texto, ya que prefiere el adjetivo *prinçipal*, que aparece en G, frente a *criminal*, presente en S. En efecto, lo importante es que tal excepción se sustancie en *pleito principal* y resultaba indiferente que la excepción contra un

textos jurídicos de la época. De hecho, en la *Partida* III, encontramos un título específico dedicado a los testigos y otro dedicado a los documentos públicos y privados que pueden ser utilizados como prueba en juicio.

Con respecto a las *cartas* y los *instrumentos de público notario*, debemos señalar que con el término *cartas* se hace referencia a cualquier documento escrito público o privado, susceptible de ser presentado como prueba en relación a acontecimientos de relevancia jurídica acaecidos en el pasado, de los que se deja constancia, precisamente, a través de estos escritos:

> *Escriptura de que nace averiguamiento de prueva es toda carta que sea fecha por mano de escrivano publico de concejo, o sellada con sello de Rey, o de otra persona autentica que sea de creer nace della muy gran pro [...] E aun ay otra manera de cartas que cada un otro ome puede fazer mandar sellar con su sello, e tales como estas valen contra aquellos cuyas son solamente, que por su mandado sean fechas e selladas, e otra escriptura y a que cada uno faze con su mano, e sin sello que es como manera de prueva* (Partida III, título XVIII, ley 1ª).

Si bien las cartas son el género, los instrumentos eran una especie dentro del género de las cartas. Éstos eran los escritos procedentes de los *escribanos públicos de concejo*, o *notarios* como señala don Simio, quienes daban fe pública del contenido del documento: *e ay otra escriptura que llaman instrumento público que es fecho por mano de escrivano publico de concejo* (Partida III, título XVIII, ley 1ª).

Nos hemos detenido en esta interpretación de las estrofas precedentes acerca de las excepciones, porque la lectura que hizo, en su momento, el profesor Polaino Ortega (1948: pp. 34-35) no nos satisfizo en modo alguno. Así, con respecto a la primera excepción, consideraba el citado profesor que era perentoria, porque *Otrosí non puede atestiguar home* (...) *que fuere de mala vida, así como ladrón o robador* (Partida III, título XVI, ley 8ª). Y afirma que fue muy bien alegada, porque la propuso en el momento oportuno, esto es, al contestar la demanda. Nos resultaría imposible considerar que la procedencia de tal excepción se derivara de su interposición en el momento de contestar a la demanda, pues, como se ha demostrado, en ningún momento se produce la contestación de la zorra. Y, por otra parte, las excepciones perentorias se podían proponer antes de iniciarse el pleito principal o después.

Con relación a la segunda excepción, afirma Polaino que su fundamento se encuentra en la ley 8ª del título XVI de la *Partida* III que no permitía testificar a *aquellos que son casados, e tienen barraganas conocidamente*. Creemos que este autor vuelve a citar un precepto que no tiene formalmente que ver con la posición del lobo en el proceso. La excepción de excomunión, según detallamos, era esencialmente dilatoria, salvo en los casos que tan bien argumenta don Simio. Por último, piensa Polaino de esta excepción que su alegación en el momento de contestar la demanda fue lo que determinó su improcedencia, puesto que el mastín debió interponerla antes de contestar la demanda, y, en el plazo de nueve días, probarla. Observamos claramente que Polaino no tiene en cuenta que la excepción de excomunicación podía oponerse en cualquier momento del pleito. En esto radica su condición de *figura anómala* dentro del Derecho común.

En las estrofas 358-361 don Simio declara desestimada la petición reconvencional de la raposa, fundamentándose en la ley que prohibía reconvenir en los procesos penales: *Seyendo algun acusado delante del judgador de mal o de tuerto que oviesse fecho non podria acusar a otro por razon de yerro que fuesse menor o ygual de aquel de que lo acusasse fasta que fuesse acabado el pleyto de su acusacion* (*Partida* VII, título I, ley 4ª). Y, ello, a pesar de que, en su momento, admitió a trámite la reconvención, seguramente para que quedara constancia de tal pretensión en una de las dos partes escritas del proceso: la sentencia. Recuérdese que la demanda también debía ser y fue presentada por escrito. La reconvención no prosperó, porque, basándose sobre todo en la primera excepción, pidió más de lo que podía pedir: la pena de muerte para el lobo y su abogado. Ya dijimos que la zorra actuó impulsada por la ira, sin asesorarse de su abogado y, por tanto, sin percatarse de dos cosas:

1) que las excepciones, aun probadas debidamente, sólo podían ser eficaces para extinguir o enervar la acción del actor y para tachar a ciertos testigos en cualquier proceso, pero nunca para

fundar la imposición de un castigo. Diáfanamente lo explica don Simio-Juan Ruiz: *Por exeuçión se puede la demanda desechar,/ e puédense los testigos tachar e retachar;/ por exeuçión non puedo yo condepnar nin matar,/ nin puede el alcade más que el Derecho mandar;*[81] y

2) que, teniendo en cuenta la objeción primera, mucho menos podía la zorra dirigir la reconvención contra el abogado del lobo, puesto que aquel no era parte en el proceso: no había entre el galgo y el lobo ningún litisconsorcio necesario pasivo.

Aparte de la espléndida motivación que ofrece don Simio en su sentencia en relación a la reconvención de la raposa, merece nuestra atención el término *tachar* (de *tacha*, procedente del fr. *tache* 'mancha'), que, en el lenguaje jurídico, tiene el sentido de 'alegar contra un testigo un motivo legal por el cual no debe ser aceptado su testimonio'.[82] Una forma de tachar a los testigos de

––––––––––

juez públicamente excomulgado se propusiera en pleito civil o criminal. *Cf.* al respecto H. KELLY (1984: pp. 106-107).

[80]   Véase H. KELLY (1984: p. 107).

[81]   Este último verso de la estrofa 361, *nin puede el alcalde más que el derecho mandar,* nos resulta muy curioso. ¿Puede interpretarse como el principio general del Derecho que exige la sujeción a la ley y al ordenamiento jurídico de parte de todos, incluidos —claro está— los poderes públicos? Seguramente sí, si atendemos a la citada ley 6ª del título IV de la *Partida* III. Sería, sin embargo, antihistórico querer ver, en el siglo XIV, una alusión a este principio general de sometimiento de todos los ciudadanos al Derecho, principio que supuso una de las conquistas de la Ilustración, la Revolución francesa y la separación de poderes. Sólo bien pasada la mitad del siglo XVIII enuncia Montesquieu su célebre sentencia de que «el juez es la boca que pronuncia la ley». Únicamente en este momento puede estimarse superado el *arbitrio judicial* que imperó hasta entonces y que fue tan importante en el Antiguo Régimen. Es precisamente este arbitrio judicial lo que ampara a don Simio en su decisión final, como él mismo nos dirá en la estrofa final de nuestro proceso, cuando los abogados le achaquen algunas irregularidades formales. De modo que la «modernidad jurídica» del Arcipreste se deriva, a nuestro parecer, de su conocimiento del Derecho común que era, como hemos dicho y en última instancia Derecho romano. Como ha sucedido en los múltiples «renacimientos» desde Carlomagno hasta el del siglo XVI es siempre la vuelta al mundo clásico lo que fecunda y confiere «modernidad» al «mundo moderno». Esta idea, con sus antecedentes que remontan al

la parte contraria era presentar una excepción; pero, aunque ésta fuese probada y se demostrara, por ejemplo, que el testigo había sido reo de falso testimonio, no daba lugar a la punición del testigo.[83] Si los testigos fueren falsos o cambiaren su testimonio, el juez, como dice don Simio, podría aplicarles tormento, que no debe, en ningún caso confundirse con una pena por un delito anterior que hubieran cometido.

Detengámonos un poco en estos términos: *tormento* y *pena*. Las *Partidas* establecen una diferencia muy clara entre uno y otro instituto jurídico. El tormento era un medio de prueba y, por lo tanto, previo a la imposición de una pena. No nos resistimos a transliterar su definición: *Tormento es una manera de prueva que fallaron los que fueron amadores de la justicia para escodriñar, e saber la verdad por el, de los malos fechos que se fazen encubiertamente, e non pueden ser sabidos, nin provados por otra manera* (*Partida* VII, título XXX, ley 1ª). Así pues, era un medio probatorio de carácter subsidiario y podía aplicarse tanto a los imputados por algún delito, como a los testigos: *Aducho seyendo algun ome para testigo delante el judgador para firmar sobre algun fecho, si el judgador entendiere, que anda desvariando en sus dichos, e se mueve maliciosamente, para dezir mentira, desque entendiere esto, bien lo puede meter a tormento* (*Partida* VII, título XXX, ley 8ª). Por su parte, la *pena* consistía en infligir un mal al reo en proporción al mal causado por su conducta delictiva. Pero la pena, desde el punto de vista de las *Partidas*, no sólo tenía este carácter de retribución (que remonta hasta el talión), sino también presentaba una función de prevención, tanto general como especial.[84] En suma, la pena se imponía tanto para punir como para evitar la comisión de nuevos

---

prehumanismo de Petrarca, ha sido claramente expuesta por P. BURKE (1999: esp., pp. 7-48).

[82] *Cf.* nuestra actual *Ley de enjuiciamiento civil*, arts. 367 y 377.1.

[83] *Cf.* GYBBON-MONYPENNY ([1988]1990: 181), que nos remite a la obra de KELLY, (1984: p. 108), donde se comenta el argumento jurídico dado aquí, mediante el cual «el juez no podía punir a un testigo por un crimen que se hubiera descubierto por medio de una excepción alegada contra él como testigo».

delitos en el futuro. Apreciemos la certera justificación del castigo expuesta en el Proemio de la *Partida* VII:

> *Olvidança e atrevimiento son dos cosas que fazen a los omes errar mucho. Ca el olvido los aduze que non se acuerden, del mal que les puede venir por el yerro que fizieren. E el atrevimiento les da osadia, para acometer lo que non deven, e desta guisa usan el mal de manera que se les torna como en natura rescibiendo en ello plazer. E porque tales fechos como estos que se fazen con sobervia, deven ser escarmentados crudamente porque los fazedores resciban la pena que merescen e los que lo oyeren se espanten, e tomen ende escarmiento porque se guarden de fazer cosa que non resciban otro tal.*

En las estrofas 362-366 nos hallamos ante la última parte de la sentencia, en lo que podríamos considerar, propiamente, el fallo *stricto sensu*, en el sentido de que, en la estrofa 366, se resuelve sobre la acusación del demandante, la pretensión principal y primera que, a modo de un motor, había puesto en marcha todo este proceso. Ahora don Simio *absuelve en instancia* a la raposa del delito de hurto del que la acusaba el lobo: *Dó liçençia a la raposa: váyase a la salvagina.*[85] Pero —repetimos una vez más— la absuelve porque la primera excepción presentada por su abogado resulta confirmada por la confesión del actor. Con ella quedaba suficientemente probada esta excepción: no en vano la confesión se constituyó siempre en el Derecho común como la *regina probationum*. Dicha prueba determinaba, por lo tanto, que el lobo no podía

---

[84]   Véase J. J. BATISTA (1992-1993: pp. 29-36), donde se recoge una explicación clara de estos conceptos y se hace remontar el concepto de «prevención» a Platón.

[85]   Esta expresión se relaciona paralelísticamente con lo que había pedido el mastín para su defendida: *váyase de las callejas.* GYBBON, en la p. 182 de su edición, no tiene clara la glosa que hace COROMINAS, en la suya, de la expresión *váyase a la salvagina.* Para COROMINAS, a quienes siguen JOSET y BLECUA, la *salvagina* son los 'animales montaraces'; pero GYBBON sólo ha constatado la aparición de *salvaginas* en plural con este sentido, no en singular. Es probable, pensamos, que *salvagina* se diga por 'bosque', 'monte', 'lugares

acusar de hurto a otro en juicio, o, lo que es lo mismo, estaba incapacitado perpetuamente para ejercitar una acción semejante. Esta incapacitación es lo que hace que don Simio le imponga guardar silencio al lobo. Dicha imposición no puede ser considerada, en modo alguno, una pena: es una advertencia hecha al lobo, para que tenga en cuenta que ninguna acción de este tipo que ejercite va a prosperar.

Aparte de la confesión del lobo —y para que no pudiera argüirse que ésta había sido forzada (*cf.* estrofa 365)—,[86] don Simio se vale de otros medios y presunciones legales, cuando dice: *Pues por su confesión e su costumbre e uso/ es manifiesto e çierto lo que la marfusa puso.* Sobre las *presunciones* nos dice la ley 8ª del título XIV de la *Partida* III que *aun hay otra natura de provar, a que llaman presumpcion: que quiere tanto dezir, como grand sospecha que vale tanto en algunas cosas como averiguamiento de prueva.* Don Simio utiliza la presunción de que el lobo es un ladrón como complemento a su confesión, ya que, en los procesos penales, el Derecho común limitaba en gran medida las presunciones como figura probatoria. La ley 12ª del título XIV de la Partida III, que acabamos de citar *supra*, prescribe claramente que:

> *Criminal pleyto que sea movido contra alguno en manera de acusacion o de riepto deve ser provado abiertamente por testigos o por cartas, o por conocencia del acusado, e non por sospechas tan solamente.*

Pero don Simio también advierte a la zorra que, aunque en ese momento se haya librado de la condena por falta de capacidad del

---

incultos e incivilizados' y que se oponga así a *las callejas*, entendidas como una sinécdoque de 'ciudad', 'lugar civilizado'. La zorra, como los delicuentes en general, no merece vivir en sociedad, ya que *ubi societas, ibi ius.*

[86]   En efecto, podría haberse argüido que el lobo no realizó su confesión voluntariamente, sino violentado por el miedo. Y, en realidad, el lobo se había encogido, tanto como suele estar siempre el galgo, cuando se encaró con el mastín. Y, en aquel verso (*cf.* est. 339b), se nos decía claramente: *otorgáronlo todo con miedo e amidos.* Lo del miedo está claro; *amidos* se hace derivar de *invitus* (relacionado con *in-* negativo y *volo* 'querer'), con lo cual la posibilidad de una *vis* psíquica está servida. Habría, entonces, un vicio del consentimiento

acusador, si mantiene su conducta delictiva, podrá ser punida en cualquier momento más adelante: *pero que non la asuelvo del furto atan aína,/ pero mando que non furte el gallo a su vezina* (*cf.* 366b y c). No creemos que se trate, como sostiene Polaino, de un caso de «suspensión condicional de condena», puesto que, al absolver en instancia y no entrar a conocer sobre el fondo del asunto, no podía haber condena. Sería interesante, pero no es nuestro propósito, comentar el sentido de los dos *pero* que aparecen en la est. 366 y el del que encabeza la est. 362: en ellos se aprecia tanto el significado originario de la locución *per hoc*, es decir, 'por esto', como el «sentido adversativo» que desarrolló más tarde. Ello se muestra, sobre todo, en 366b, donde aparece *pero que*, que puede interpretarse, bien como un «equivalente» de *aunque* o, mejor para la época, *maguer que*, bien como un equivalente de *porque*, recogido después en el *pero* de la est. 366c.[87] El hecho de que el juez absolvió en instancia queda sobradamente demostrado en la estrofa 367, que comentaremos enseguida bajo el epígrafe de la apelación.

11. *La apelación y las costas del juicio*

> Non apelaron las partes, del juizio son pagados,
> porque non pagaron costas, nin fueron condenados.
> Esto fue porque non fueron de las partes demandados,
> nin fue el pleito contestado, porque fueron escusados.

Hoy en día se dice que una sentencia es firme cuando tiene valor de *cosa juzgada material y formal*, de manera que las partes

---

que invalidaría la declaración de conocimiento que constituye la confesión del lobo. Nuestro juez sabe precaverse ante tal eventualidad, atendiendo al uso y a la costumbre.

[87] Si interpretamos el *pero que* con sentido concesivo, tenemos que interpretar el *pero* siguiente como adversativo; si, en cambio, entendemos el *pero que* como causal, el *pero* se entenderá como *per hoc*. Consideramos que la segunda explicación se acerca más al significado medieval de estas construcciones. En el

tienen que aceptarla sin más. Sin embargo, ninguna sentencia es firme, mientras no se hayan agotado los recursos que contra ella pueden presentarse, siempre que no se haya extinguido el plazo para recurrir: recordemos que, en Derecho procesal, los plazos son preclusivos. Sólo, en circunstancias muy excepcionales, cabe el *recurso de revisión*, que compete en exclusiva a la Administración, la cual puede, ante la aparición de hechos o pruebas nuevas y evidentes, revisar su fallo y dictar otro.[88] De esta manera, ante la sentencia de don Simio cabía, entre otros recursos, el más normal de ellos: la *apelación*. Sin embargo, el narrador nos dice, en la estrofa 367, que: *Non apelaron las partes, del juizio son pagados*. Juan Ruiz utiliza aquí el término culto *apelar*, propio del Derecho romano, que, sin embargo, no aparece en las *Partidas*. En éstas encontramos los vocablos *alzarse* y *alzada*, que designan una figura jurídica presente aún en nuestro Derecho, sobre todo en el ámbito del Derecho administrativo.[89] Era también el término utilizado en los *Fueros*. La *apelación* o *alzada* consistía en recurrir ante una instancia superior el fallo considerado lesivo para una de las partes, y que había sido dictado por un juez o tribunal inferior. La sentencia podía ser, pues, ratificada, revocada o anulada en apelación. En el caso que nos ocupa, de la apelación del lobo o de la raposa habría tenido que conocer el *adelantado*, que era la instancia situa-

---

italiano de Dante, por ejemplo, alternan *per che* y *però che* con sentido causal, mientras que lo normal es la conservación del giro bajolatino *però* con un sentido muy cercano al del portugués moderno *porém*.

[88] Recordemos el caso del macabro «crimen de Cuenca», llevado al cine en España, con gran polémica, a finales de los años setenta, donde unos supuestos homicidas fueron condenados a reclusión perpetua y sometidos a trabajos forzados por la muerte de un pastor que, más tarde, apareció. Es el argumento jurídico más consistente en contra de la pena de muerte: la posibilidad de que la Administración de Justicia se equivoque.

[89] La *Ley 30/92 de 26 de noviembre, del régimen jurídico de las Administraciones Públicas y del procedimiento administrativo común* intentó hacer desaparecer el *recurso de alzada* y lo sustituyó por el que denominó *recurso ordinario*; sin embargo, este intento no prosperó y, a través de una reforma operada en la susodicha ley (mediante la *Ley 4/1999*) nuestro antiguo recurso de alzada volvió

da jerárquicamente por encima del juez ordinario, según vimos en su momento que establecían las *Partidas*.

Pero las partes no apelaron, porque, como nos informa el narrador, *del juizio son pagados*. El participio *pagados*, como señala Corominas en su edición, se refiere a las partes, aunque mediante una *concordantia ad sensum* en masculino, puesto que las partes no son otros que el lobo y la raposa. En el verso 367b se nos exponen los dos motivos por los que quedaron contentas las partes con el fallo de don Simio: *porque non pagaron costas, nin fueron condenados*. Juan Ruiz hace un doble juego de palabras con el doble sentido de *pagar(se)*: 'contentarse' y 'retribuir'. El lobo y la zorra quedaron pagados del fallo, en primer lugar porque no tuvieron que pagar las costas del juicio. Las *costas del juicio* son los gastos que se producen por la sustanciación de procesos: sueldo de los funcionarios judiciales, honorarios de los abogados, retribuciones a los testigos, coste de las pruebas, etc. Y corrían normalmente a cargo de las partes. En las *Partidas* se sigue el criterio de que las costas debe abonarlas el vencido en pleito; no obstante, si el demandante resultaba vencido, pero había actuado de buena fe a la hora de promover su acción, podía ser liberado por el juez del pago de costas.[90] Pero, sobre todo, ambos litigantes quedaron pagados del fallo, porque resultaron eximidos de cualquier pena. Y no era precisamente una pena leve la que pidieron ambas partes contra su adversario, sino la pena capital.

El motivo por el que no fueron condenados a pagar las costas fue, según nos dice Juan Ruiz, porque éstas *non fueron de las partes demandados*. Aquí vuelve a darse una concordancia *ad sensum*. Sin embargo, según nuestra opinión y en contra de lo que piensa Corominas, a quien sigue Gybbon, la concordancia se establece esta vez entre costas y demandados, ya que el participio no puede referirse a las partes, siendo la construcción «(las costas) non fueron demandadas de las partes». En efecto, en el *petitum* de las partes

---

a ser lo que era. No tiene sentido, en este trabajo, que nos refiramos a todos los recursos posibles (de *queja, súplica, apelación, revisión*, etc.) ni a su historia. Pasaremos, como el Arcipreste, como sobre ascuas con respecto a esta cuestión.

suele pedirse la condena en costas de la parte contraria, como castigo de una supuesta mala fe.[91] Y ni el lobo, en su demanda, ni la zorra, en su reconvención, habían pedido expresamente la condena en costas del adversario. El último verso de esta estrofa 367 incide en una segunda razón: *nin fue el pleito contestado*. Se refiere el narrador a que don Simio admitió las excepciones de la zorra, que no contestó a la demanda. Asimismo parece aludirse a la excepción perentoria supuestamente propuesta por el lobo para oponerse a la reconvención de la zorra (*que de egual, en criminal, non puede reconvenir*, 358b).

A este respecto, nos hemos apartado del sentido que Corominas y Gybbon han conferido a 367c: *Esto fue por que non fueron de las partes demandados*.[92] Para Corominas todos los participios de esta estrofa siguen una *concordantia ad sensum* con el sustantivo partes: habría que entender, pues, en este caso: «esto fue porque (las partes) non fueron de las partes demandados». Y habría que interpretar, por consiguiente, que, después de todo este largo proceso, que se inicia con la demanda del lobo, al que, a su vez, reconviene la zorra, «ambas partes no habrían sido realmente demandadas», de manera que ni el actor principal, ni la actora reconvencional realizaron demanda alguna. Es posible, no obstante, que esta postura, que parece un tanto ilógica, encuentre cierta justificación desde el punto de vista del Derecho procesal, en el sentido de que sabemos que la demanda reconvencional no prosperó (*Fallo que la gulpeja pide más que non deve pedir*, de 358a) y que la demanda del lobo no fue admitida (pronunçio que la demanda que él fizo e propuso/ non le sea resçebida, segund dicho he de suso), con lo que su objeto dejaba de tener existencia jurídica. Sin embargo, esta interpretación nos parece más alambicada que la que proponemos y, además, menos ventajosa, pues no añade nada nuevo a la nuestra, que recoge la de Corominas en el segundo motivo

---

90   *Cf.* la ley 8ª del título XXII de la *Partida* III: *Empero si el juez entendiere que el vencido se moviera por alguna derecha razon para demandar, o defender su pleyto non ha por que mandar quel pechen las costas.*

91   Si se trata del demandante, por denunciar un hecho que imputa falsamente

(*nin fue el pleito contestado*), y supone, por otra parte, que ese *nin* puesto por el sabidor Juan Ruiz es superfluo, al repetir dos veces el mismo motivo. Y no sólo dos veces, sino tres, ya que la parte final del verso 367d volvería a expresar de nuevo la misma causa: *por que fueron escusados*. Por nuestra parte, consideramos que este *por que fueron escusados* recoge los dos motivos anteriormente expuestos, a saber, el que no habían pedido expresamente que se cargaran las costas a la parte contraria y el que no hubo contestación a la demanda del lobo, porque la zorra había presentado las excepciones pertinentes. Este sentido general, y no técnico, de *excusarse* se compadece con lo que, en su momento, expusimos de las *escusas*, frente a los tecnicismos consagrados que suponen *exeución* y *defensión*. Entendemos, pues, que la posibilidad de apelación de las partes no se utilizó por la razón anteriormente expuesta, esto es, por no haber sido condenadas las partes ni siquiera al pago de las costas del juicio. Y, luego, viene la explicación de por qué los litigantes quedaron excusados del pago de las costas. Tal interpretación, opinamos, es más sencilla y más amplia que la citada de Corominas, la cual, además, presenta el punto débil, desde la perspectiva gramatical, de hacer coincidir el sujeto y el complemento agente de la construcción pasiva: «(las partes) non fueron de las partes demandados».

12. Críticas a la sentencia

A pesar de que las partes quedaron pagadas con el fallo de don Simio, no ocurrió lo mismo con los «picapleitos», quienes, porfiados y basándose en argumentos técnicos, hacen dos recriminaciones, una general y otra concreta, al juez. Don Simio, letrado y de buena ciencia, responde adecuadamente a estos abogados de fuero y de romance:

> Allí los abogados dixieron contra el juez
> que avía mucho errado e perdido el su buen préz,
> por lo que había dicho y suplido esta vez;
> non ge lo preçió don Ximio quanto vale una nuez.

> Díxoles que bien podía él en su pronunçiaçión
> suplir lo que es derecho e de constituçión,
> que él de fecho ageno non fazía menzión.
> Tomaron los abogados del Ximio buena liçión.
>
> Dixiéronle otrosí una derecha raçón:
> que fecha la conclusión en criminal acusación,
> non podía dar liçençia para aver composiçión:
> menester la sentençia çerca la conclusión.
>
> A esto dixo el alcalde una sola responsión:
> que él avíe poder del rey en su comisión,
> espeçial para todo esto, e complida jurisdiçión.
> Aprendieron abogados en esta disputaçión.

La primera crítica, que ocupa la est. 368, es de carácter general y muestra el desacuerdo de los abogados con la forma en que don Simio ha llevado el proceso. Le reprochan *lo que avía dicho y suplido esta vez*. Lo *dicho* hace referencia a las leyes que el juez había citado; lo *suplido* apunta a lo aportado por éste ante las lagunas del Derecho.[93] Pensamos que los dos primeros versos de la estrofa 369 nos confirman esta interpretación: *Díxoles que bien podía él en su pronunçiaçión/ suplir lo que es derecho e de constituçión*. El juez debe integrar el Derecho, valiéndose de una interpretación adecuada a las normas del Derecho positivo, mediante, por ejemplo, la *analogía in bonam partem*.[94]

---

al demandado; si del demandado, por haber actuado contra derecho perjudicando los intereses del demandante.

[92] COROMINAS (1967: p. 160), señala que «no fueron demandados porque la demanda no venía de los perjudicados», precisión que no entendemos.

[93] En efecto, como señalamos en la primera parte, la analogía, la integración y la interpretación de las normas son conceptos fundamentales de la ciencia del Derecho. El Derecho tiene pretensión de universalidad. Los jueces deben dictar sentencia siempre y no pueden alegar la existencia de «puntos oscuros», «vacíos legales» ni «lagunas jurídicas». El juez debe integrar el ordenamiento jurídico. Por ello nos parece adecuado interpretar el verbo *suplir* como 'cumplir una falta' (definición de Covarrubias) o 'cumplir o integrar lo que falta en una cosa, o remediar la carencia de ella' (1ª acepción de las cuatro que recoge el DRAE).

La segunda crítica se centra en un detalle específico de la actuación del juez: los abogados afirman —*derecha raçón*, según el narrador— que don Simio no debió proponer la avenencia o composición una vez llegados a los escritos de conclusión en este pleito criminal: *fecha la conclusión en criminal acusación,/ non podía dar liçençia para aver composiçión*. Los abogados fundamentan su objeción en la norma de Derecho común que establecía como preceptivo el pronunciamiento de sentencia inmediatamente tras la conclusión.[95] Pero, Polaino (*o.c.* p. 42) justifica el proceder del juez con la ley 22ª del título I de la *Partida* VII, donde leemos:

Acaesce algunas vegadas que algunos omes son acusados de tales yerros que si les fuessen provados que recebirían pena por ellos en los cuerpos de muerte o de perdimiento de miembro: e porende por miedo que han de la pena trabajan se de fazer avenencia con sus adversarios pechandoles algo, porque non anden mas adelante en el pleyto. E porque guisada cosa es, e derecha que todo ome pueda redemir su sangre. Tenemos por bien que si la avenencia fuere fecha ante que la sentencia sea dada sobre tal yerro como este, que vala quanto para non rescebir porende pena en el cuerpo del acusado.

No obstante, si bien las *Partidas* parecen admitir la avenencia en cualquier momento, anterior al pronunciamiento de la senten-

---

Don Simio había citado las leyes, *había dicho*, cuando había lugar a ello, y *había suplido*, esto es, había integrado mediante la interpretación y la analogía, cuando había una laguna jurídica.

[94] En el caso del infinitivo *suplir* divergen los manuscritos: S presenta *cumplir* y G, *suplir*. GYBBON, con buen criterio, ha preferido la lección de G a la de su *codex optimus*, entre otras cosas por el paralelismo con el participio *suplido*. Como vimos en la definición de Covarrubias (*suplir* 'cumplir una falta'), el sentido de ambos verbos no se consideraba tan alejado en épocas pasadas como actualmente. No obstante, dentro del lenguaje jurídico seguimos hablando de la *complitud* del ordenamiento jurídico, de Derecho *supletorio*, de *suplir* lagunas jurídicas, etc. Podría pensarse, de otro lado, que este *suplir el Derecho* se refiriera no a 'integrarlo', sino a la capacidad que tenía el juez, hasta la Revolución francesa, de seguir su arbitrio, obedeciendo normalmente a imperativos de justicia material. Pero, en el caso que nos ocupa, no se observan discordancias entre las

cia, en un proceso penal que implique la imposición de la pena de muerte o de pérdida de algún miembro, lo cierto es que, de acuerdo con la letra de este precepto, únicamente se contempla su promoción a instancia de la parte interesada, cosa que no sucede en nuestro caso. Seguramente, pues, don Simio se apoyó en la susodicha norma por lo que se refiere a la admisión de la avenencia, incluso después de que se había llegado a la conclusión. Y, así, el hecho de haber propuesto la avenencia él mismo y no las partes lo justifica alegando el arbitrio judicial, conferido a los jueces por el Rey, según se observa en la última estrofa, 371b y c: *que él avíe poder del rey en su comisión, espeçial para todo esto, e complida jurisdiçión*. Don Simio se ampara en su condición de funcionario real y en su capacidad de arbitrio (no arbitrariedad) por razones de justicia material, esto es, por equidad. Efectivamente, la avenencia, en el pleito del lobo y la raposa, hubiera sido la solución más justa, ya que ambos eran de la misma calaña y nada tenía que reprochar el uno al otro.

Muy interesante es la cuestión del arbitrio judicial. El Derecho común —legalista, escrito y culto— restringió mucho su uso, que era el predominante en la etapa altomedieval, época en que los jueces no eran juristas, profesionales del Derecho, sino simplemente hombres que gozaban de *auctoritas* entre sus vecinos. Sin embargo, el arbitrio judicial no se suprimió hasta la Edad Moderna, en la que, por influjo de los pensadores ilustrados y la Revolución francesa, el juez se convirtió en *la bouche qui prononce la loi*, según dijimos *supra*. Por otra parte, la mención a su calidad de oficial del rey parece reafirmar a las *Partidas* como fuente de nuestro proceso, pues, en este corpus legal, el rey, como cabeza del reino, era el competente para nombrar a los jueces.[96] Esta previsión era una de las tantas medidas que pretendieron instituir los monarcas

---

normas jurídicas citadas y una actuación arbitraria del juez en aras de la equidad. En la fábula coinciden justicia y seguridad jurídica.

[95]   *Cf.* la norma del *Speculum iudiciale* (Lib. II, Partic. II, *De renunciatione & conclusione*, nº 3) que dice: *Et scias quod post conclusionem nulla admittitur exceptio, vel allegatio facti, neque testis, vel instrumentum* .

[96]   En la estrofa 142 del *Libro* leemos:

castellanos bajomedievales para superar el localismo jurídico. Esta disposición se contenía ya en el *Fuero Real* de Alfonso X y fue, precisamente, una de las causas por las que la imposición de esta obra fracasó: sus detractores no estaban dispuestos a permitir que se suprimiera la costumbre por la que los jueces tenían que ser elegidos por los vecinos del municipio y entre ellos.[97]

Finalmente, queremos referirnos al último verso de nuestro fragmento, el 371d: *Aprendieron abogados en esta disputaçión*, que retoma el también último verso de la estrofa 369: *Tomaron los abogados del Ximio buena liçión*. La palabra *disputaçión* puede hacer alusión al pleito, con lo que el verso se interpretaría como sigue: don Simio, con sus conocimientos jurídicos, dio una lección a los abogados de cómo debía plantearse y resolverse un pleito de las características del que nos ha ocupado. Pero creemos que también *disputaçión* se refiere a uno de los tres principales tipos de clases que se impartían y practicaban en las Facultades de Leyes, donde se enseñaba únicamente Derecho común.[98] Las *disputationes* consistían en la discusión en público acerca de un texto jurídico específico o un caso práctico. De acuerdo con este planteamiento, el pleito del lobo y la raposa sería el objeto de una práctica jurídica, resuelta en su sentencia por don Simio, que se transformaría, así, en un *doctor iuris*, como encargado de solucionar el caso, al que ponen sus objeciones el mastín y el galgo, algo habitual en este

---

Çierto es que el rey en su regno ha poder
de dar fueros e leyes, e derechos fazer;
desto manda fazer libros e quadernos componer,
para quien faze el yerro, qué pena deve aver.

Y, en la ley 5ª del título 1º de la *Partida* II, leemos: *el Rey es puesto para conplir la justicia, e dar a cada uno su derecho*. Ya citamos *supra* la ley 1ª del título IX de esta misma *Partida II,* donde se precisaba:
Oficio tanto quiere dezir como servicio señalado en que ome es puesto para servir al rey, o al comun de alguna cibdad o villa. [...] Otrossi mostro Dios que los officiales e los mayorales deven servir al rey, como a su señor e amparar, e mantener el reyno, como a su cuerpo.
[97] Véase F. TOMÁS Y VALIENTE (1990: p. 234).
[98] Además de las *disputationes*, las clases se impartían a modo de *lectiones*,

tipo de clases, en las que los asistentes podían objetar y formular preguntas a los doctores.

De la misma forma que el prólogo del *Libro de buen amor* se ha interpretado como un «sermón universitario»,[99] pensamos que tanto alusiones internas como la disposición externa apuntan a que nuestra causa jurídica constituye una *quaestio disputata*, una clase, dirigida contra los detractores del Derecho común, a los juristas prácticos que operaban de acuerdo con las normas consuetudinarias de los fueros y que eran, en la mayor parte de los casos, iletrados. El Derecho común cambió este panorama, pues, al ser un Derecho escrito y que sólo se enseñaba en las Universidades, dio lugar a abogados y jueces provistos de una sólida formación jurídica. A su vez también fue originando una creciente animadversión del pueblo contra lo que consideraba un lenguaje hermético e ininteligible (la jerga de los abogados formados en el Derecho común), animadversión que aún perdura.

Sólo nos resta añadir que no sólo los abogados de nuestra fábula aprendieron con la lección de don Simio-Juan Ruiz. Pensamos que hemos aprendido todos.[100]

<hr>

que eran comentarios del profesor a un texto legal, y de *repetitiones*, ejercicios solemnes consistentes en una disertación ante el profesor y los alumnos sobre un tema seleccionado libremente por el disertante de entre las lecturas ordinarias de su cátedra. Además de TOMÁS Y VALIENTE (1990), es de utilidad la obra divulgativa de J. LE GOFF (1990).

[99] *Cf.* P. L. ULLMANN (1967) y J. CHAPMAN, citada y extractada por GYBBON ([1988]1990: p. 39): «No podemos saber si alguna vez Juan Ruiz tuvo la ocasión de predicar un sermón «universitario», pero el prólogo demuestra que tenía una muy buena idea de cómo se debía construir, con su *thema* (aquí *Salmo* 31, v. 8), que luego se divide en tres partes, para que cada parte se analice por separado, aduciendo autoridades (citadas en latín) en apoyo del argumento».

[100] Esperamos que nuestra modesta contribución haya servido para atenuar la afirmación que hizo, en su momento, GYBBON ([1988]1990: p. 35): «hasta ahora faltan estudios que consideren hasta qué punto el *Libro* en general refleja las actitudes de un jurista. Por ahora, señalamos una coincidencia interesante:

Conclusiones

Resumiremos muy brevemente las principales conclusiones a que hemos llegado después de estudiar con detenimiento el pleito que sostuvieron el lobo y la raposa ante don Simio, alcalde de Bujía:

a) Entendemos como premisa fundamental para acercarse al *Libro del Arcipreste* una actitud catafática, para emplear la terminología aristotélica (Aristóteles, *Analytica Priora*, 24a 16), esto es, una disposición afirmativa por nuestra parte ante todo lo que nos cuenta Juan Ruiz. Nuestro autor se encarga de subrayar esta estructura lógica a lo largo de toda su obra. De ahí que nos permitamos remitir todas las discusiones sobre la intención del *Libro* a una sentencia del propio autor: *lo que buen Amor dize con raçón te lo pruevo.*

b) Partiendo de esta clave hermenéutica, y sin olvidar, por supuesto, que estamos ante una obra de arte y no ante un tratado de Derecho, hemos considerado el pleito del lobo y la raposa como una auténtica *liçión* de Derecho común: el verso 320d, que antecede inmediatamente a la fábula, *abogado de fuero, ¡oye fabla provechosa!*, y el último verso de la misma, *Aprendieron abogados en esta disputaçión*, justifican sobradamente esta interpretación.

c) Hemos encontrado, por supuesto, las fuentes legales en que se apoya nuestro texto. La estructura del pleito y los términos en que se expresa están tomados literalmente del Derecho común, tal como se difundió en la Península ibérica desde mediados del siglo XIII y como se recogió en las *Partidas* y otros textos legales, tanto en latín, como en romance. Hemos procurado ofrecer los paralelos jurídicos de nuestra fábula, en los que se puede observar las grandes sorprendentes similitudes entre ambos. Nos limitamos a recordar, por ejemplo, los elementos de la demanda, que Juan Ruiz sigue *avant la lettre*. Dejando de lado la cuestión de si el Arcipreste se sirvió, en algunos términos concretos, del *Speculum iudiciale* de Guillermo Durando o si, por el contrario, utilizó las obras de Jacobo de las Leyes o Fernando Martínez de Zamora (autores que colaboraron en la redacción de las *Siete Partidas*), pensamos que podemos afirmar que la cultura jurídica del Arcipreste queda fuera de discusión. Para no cansar con ejemplos, la explicación que nos ofrece de la *excepción dilatoria de excomunión* (*diré un poco de ella, que es de grand estoria*) resulta altamente reveladora de su profundo manejo de la técnica jurídica.

d) Y su cultura literaria no desmerece en absoluto de la jurídica. La alusión a autores y obras que van desde Ovidio al *Roman de la Rose* nos muestran a nuestro autor como uno de los más singulares e importantes de nuestra Literatura. En este sentido, la elección de la forma autobiográfica como hilo conductor del *Libro* —y otros muchos detalles— nos lo asemeja a otro de los grandes autores de todos los tiempos, su casi contemporáneo Dante Alighieri, del que también se conocen pocos datos biográficos fuera de los que él mismo nos ofrece. Su conocimiento de la Retórica medieval es sorprendente. Nos limitaremos a ejemplicar el uso que realiza de la *amplificatio* con nuestro texto: diez versos de Fedro se han convertido en doscientos cuatro.

e) Creemos que esta obra puede ayudar a clarificar determinados aspectos de la persona y de la obra de Juan Ruiz, aún poco conocidos. Así, opinamos que su formación jurídica *utriusque iuris*, esto es, en Derecho romano y en Derecho canónico es indiscutible. Esto ha sido avalado no ha muchos años por una copia del siglo XV de un documento del siglo anterior, en el que se nos presenta a un tal Juan Ruiz, Arcipreste de Hita, como testigo principal de un pleito que sostuvo la cofradía de curas de Madrid con el Arzobispo de Toledo, hecho que, literariamente reelaborado, se recoge en el *Libro de buen amor*. Habría que investigar en qué Universidad estudió nuestro Arcipreste Derecho común. Algunos datos apuntan a Alcalá de Henares, pero habría que comprobar tal hipótesis. Por lo que se refiere a su obra, consideramos que nuestro fragmento podría servir para aclarar dos circunstancias controvertidas de la misma: la posible doble redacción y la fecha de composición. Centrándonos en las estrofas 321-371, objeto de nuestro estudio, hallamos que sólo S las contiene completas, mientras que G empieza en la estrofa 330 y T, en la 367. El cotejo de S y G, que hemos realizado siguiendo la edición de Criado de Val y Naylor, muestra que no se trata de una doble redacción, sino de meras variantes, en general no significativas: las rimas son las mismas y lo más grave que sucede es, en casos muy concretos, el cambio de un sustantivo por otro. Esta es también la opinión de A. Blecua, que ha estudiado profundamente esta cuestión. Cuando los tres manuscritos se pueden cotejar, como sucede en las estrofas 367-371, volvemos a comprobar que se trata de variantes no significativas, no de una doble redacción. Reproducimos la estrofa 368, como ejemplo, atendiendo a los tres manuscritos y siguiendo a Criado de Val-Naylor (*o. c.*, p. 97):

S   ally los abogados dyxieron contra el jues
           que avya mucho errado E perdido el su buen pres,
           por lo que avia dicho E suplido esta ves;
           non gelo preçio don ximio quanto vale vna nues.

T   ally los abogados dixieron contra el jues
           que lo auia errado e perdido [su buen] pres,
           por que lo auia dicho e soplicado otra vez;
           non gelo preçio don xymio quanto vale vna nues.

G   alli los abogados dexieron contra el jues
           que auia errado e perdido su buen pres,
           por ho lo que auia dicho e suplciado esta ves;
           Non gelo preçio don ximio quanto val vna vil nues.

Y, en cuanto a la fecha de composición, creemos, de acuerdo con la mayoría de los modernos estudiosos, que la datación de 1343, dada por S, se aproxima más a la realidad que la de 1330 o la de 1368, proporcionada por los otros dos manuscritos. Precisamente, cinco años más tarde el *Ordenamiento de Alcalá* iba a poner en vigor el Derecho común contenido en las *Siete Partidas*, que —como he mostrado— tanto ha influido en Juan Ruiz.

Acabamos, ahora, esta obra, esperando que haya servido de algo más que la mera exposición ordenada de argumentos y palabras dichos por estudiosos que se han ocupado anteriormente del mismo tema. Las críticas que se le hagan las tomaremos como una manera de mejorar nuestro trabajo.

Bibliografía

ALBORG, J. L. (1975) *Historia de la literatura española. Edad Media y Renacimiento*, Madrid: Gredos, t. I, pp. 222-279 (2ª ed.)

Alfonso X, El Sabio (1974) *Libro de las Siete Partidas*, Madrid: B.O.E (Facsímil de la edición con glosas de Gregorio López impresa por Andrea de Portonariis, Salamanca, 1555).

Alfonso X, El Sabio (1979) *Fuero Real*, Valladolid: Lex Nova (Facsímil de la edición de la Real Academia de la Historia, Madrid, 1836).

AMAT, J. (1985) *Songes et visions. L'au delà dans la littérature latine tardive*, Paris: Études augustiniènnes.

Tomás de Aquino (1982) *Opera omnia: Quaestiones disputatae de Malo*, Roma: Comisión Leonina, t. XIII.

Aristóteles (1965) *Analytica Priora*, Oxford: O.U.P.

Aristóteles (1985) *Retórica*, Madrid: Centro de Estudios Constitucionales.

AUERBACH, E. (1998) *Figura*, Madrid: Trotta.

BATISTA, J. J. (1992-93) «La justificación del castigo en Platón», en *Anales de la Facultad de Derecho*, 12, pp. 29-36.

BENVENISTE, E. (1977) *Problemas de lingüística general*, Madrid: Siglo XXI.

BERMEJO CABRERO, J. L. (1973) «El saber jurídico del Arcipreste», en M. Criado del Val (ed.), *Actas del Primer Congreso Internacional sobre el Arcipreste de Hita*, Barcelona: SERESA, pp. 409-415.

BERTOLUCCI, V., ALVAR, C., ASPERTI, S. (1999) *Storie delle letterature medievali romanze. L'area iberica*, Roma-Bari: Laterza.

BLECUA, A. (1983) *Arcipreste de Hita. Libro de buen amor*, Barcelona: Planeta.

_(1983) *Manual de crítica textual*, Madrid: Castalia.

BLECUA, J. M. (ed.) (1981) *Francisco de Quevedo. Poesía original completa*, Barcelona: Planeta.

BOLDRINI, S. (1990) *Note sulla tradizione manoscritta di Fedro: i tre codici di età carolingia*, Roma: Accademia Nazionale dei Lincei.

BRENOT, A. (ed.) (1969) *Phèdre. Fables*, París: Les Belles Lettres.

BURKE, P. (1999) *Renacimiento*, Barcelona: Crítica

CAROZZI, C., (1994) *Le voyage de l'âme dans l'au delà d'après la littérature latine (V-XIII siècles)*, Roma: École française de Rome.

CEJADOR, J. (1955) *Juan Ruiz Arcipreste de Hita. Libro de buen amor*, Madrid: Espasa-Calpe.

CHIARINI, G. (1964), *Arcipreste de Hita. Libro de buen amor*, Milán-Nápoles: Ricciardi. (p. 147)

COROMINAS, J. (1967) *Arcipreste de Hita. Libro de buen amor*, Madrid: Gredos.

_, PASCUAL, A. (1980-1991) *Diccionario crítico-etimológico castellano e hispánico*, Madrid: Gredos, 6 vols.

CORRIENTE, F. (1997) *Diccionario de arabismos del español*, Madrid: Gredos.

COSERIU, E. (1978) *Gramática, semántica, universales*, Madrid: Gredos.

_(1981) *Principios de semántica estructural*, Madrid: Gredos.

CRESPO, A. (1999), *Dante y su obra*, Barcelona: El Acantilado.

CRIADO DE VAL, M., NAYLOR, E. (1972) *Arcipreste de Hita. Libro de buen amor*, Madrid: CSIC (2ª ed.)

Crónica de don Alfonso el Onceno (1977) Madrid: B. A. E.

CURTIUS, E. R. (1989) *Literatura europea y Edad Media latina*, Madrid: Fondo de Cultura Económica, 2 vols. (1ª ed. 1948).

DANTE ALIGHIERI (1991) *La Divina Commedia*, Milán: Ulrico Hoepli (21ª ed. Texto crítico de la Sociedad dantesca italiana revisado por G. Vandelli).

DEYERMOND, A. (1970) «Some aspects of parody in the *Libro de buen amor*», en G. B. Gybbon Monypenny (ed.) *Libro de buen amor Studies*, Londres: Támesis, pp. 53-78.

DURANDO, G. (1975) *Speculum iudiciale*, Aalen: Scientia (Facsímil de la edición con glosas de Juan Andrés y Baldo degli Ubaldi, Basilea, 1574).

EIZAGA Y GONDRA, M. (1942) *Un proceso en el Libro de buen amor*, Bilbao: Junta de Cultura de Vizcaya.

ERNOUT, A., MEILLET, A. (1967), *Dictionnaire étymologique de la langue latine*, Paris: Klincksieck.

EUGENIO Y DÍAZ, F. (1973), «El lenguaje jurídico del *Libro de buen amor*», en M. Criado de Val, *Actas del Primer Congreso Internacional sobre el Arcipreste de Hita*, Barcelona: SERESA, pp. 422-433.

FARAL, E. (1962) *Les arts poétiques du XIIe et du XIIIe siècle*, París: Honoré Champion (1ª ed. 1924).

Fuero juzgo (1980) Valladolid: Lex Nova (Facsímil de la edición de la Real Academia de la Historia, Madrid, 1815).

GACTO FERNÁNDEZ , E. (1974) *Temas de Historia del Derecho*, Sevilla: Servicio de Publicaciones de la Universidad de Sevilla.

GANSHOF, L. (1985) *El feudalismo*, Barcelona: Ariel.

GARCÍA GALLO, A. (1941) «Nacionalidad y territorialidad del Derecho en la época visigoda», en *Anuario de Historia del Derecho español*, 13, pp. 168-264.

_(1951-1952) «El *Libro de las Leyes* de Alfonso el Sabio: Del *Espéculo* a las *Partidas*», en *Anuario de Historia del Derecho español*, 21-22, pp. 345-451.

_(1974) «Consideración crítica de los estudios sobre la legislación y la costumbre visigoda», en *Anuario de Historia del Derecho español*, 44, pp. 343-364.

_(1976), «Nuevas observaciones sobre la obra legislativa de Alfonso X», en *Anuario de Historia del Derecho español*, 46, pp. 609-670.

GARIANO, C. (1974) *El mundo poético de Juan Ruiz*, Madrid: Gredos.

GERLI, E. (1981-1982) «*Recta voluntas est bonus amor*: St. Augustine and the Didactic Structure of the *Libro de buen amor*», en *Romance Philology*, XXXV, pp. 500-508.

GIORDANO, A. (1989) «Brunetto fra Dante e ser Durante», en *Il Duecento. Actas del IV Congreso Nacional de Italianistas*, Santiago de Compostela: Universidad de Santiago de Compostela, pp. 345-374.

GODMAN, P. (1995) «Il periodo carolingio», en G. Cavallo, C. Leonardi y E. Menestò (eds.), *Lo spazio letterario del Medioevo latino*, Roma: Salerno, t. III, pp. 339-373.

GREEN, O. H. (1969) *España y la tradición occidental*, Madrid: Gredos.

GYBBON-MONYPENNY, G. B. (1961) «Lo que buen amor dize, con razón te lo pruevo», en *Bulletin of Hispanic Studies*, XXXVIII, pp. 13-24.

_(ed.) (1970) Libro de buen amor *Studies*, Londres: Támesis.

_(1986) «Exeução provada», en *Medieval and Renaissance studies in honour of R. B. Tate*, Oxford: Dolphin, pp. 39-46.

_(ed.) (1990) *Arcipreste de Hita. Libro de buen amor*, Madrid: Castalia.

HABERMAS, J. (1998) *Facticidad y validez. Sobre el derecho y el estado democrático en términos de teoría del discurso*, Madrid: Trotta.

HAVET, L. (ed.) (1955) *Phèdre. Fables ésopiques*, París: Hachette.

HERNÁNDEZ, F. (1984) «The Venerable Juan Ruiz, Archpriest of Hita», en *La Corónica*, 13, pp. 10-22.

_(1987-1988) «Juan Ruiz y otros arciprestes de Hita y aledaños», en *La Corónica*, 16, pp. 1-31.

HERVIEUX, L. (1970) *Les fabulistes latins depuis le siècle d'Auguste jusqu'a la fin du moyen âge. Phèdre et ses anciens imitateurs directs et indirects*, Nueva York: Hildesheim, t. I y II (1ª ed. 1893-1894).

HOLTZ, L. (1995) «Glosse e commenti», en G. Cavallo, C. Leonardi y E. Menestò (eds.), *Lo spazio letterario del Medioevo*, Roma: Salerno, t. III, pp. 59-111.

JOSET, J. (ed.) (1974) *Arcipreste de Hita. Libro de buen amor*, Madrid: Espasa-Calpe.

_(1988) *Nuevas investigaciones sobre el* Libro de buen amor, Madrid: Cátedra.

KELLY, H. (1984) *Canon Law and the Archpriest of Hita*, Nueva York: Binghamton.

KIRBY, S. (1978) «Juan Ruiz and don Ximio: The Archpriest's art of declamation», en *Bulletin of Hispanic Studies*, LV, pp. 283-287.

LE BRAS, G., RAMBAUD, J., LEFEBVRE, CH. (1965), *Histoire du Droit et des Institutions de l'Eglise en Occident. L'âge classique (1140-1378)*, París: Sirey.

LECOY, F. (1974) *Recherches sur le* Libro de buen amor, Westmead: Gregg Farnborough, (Reimp. fotográfica de la 1ª ed., París: Droz, 1938) .

LORENZO, A., MORERA, M., ORTEGA, G. (1994) *Diccionario de canarismos*, La Laguna: Francisco Lemus.

MACKAY, A. (1985) *La España de la Edad Media. Desde la Frontera hasta el Imperio*, Madrid: Cátedra (3ª ed.).

MALMBERG, B. (1970) *Los nuevos caminos de la lingüística*, Ciudad de México: Siglo XXI.

MANN, J. (1993) «La favolistica», en G. Cavallo, C. Leonardi y E. Menestò (eds.), *Lo spazio letterario del Medioevo latino*, Roma: Salerno, t. II, pp. 171-195.

MARTINET, A. (1972) *Elementos de lingüística general*, Madrid: Gredos

MENÉNDEZ PIDAL, R. (1991) *Poesía juglaresca y juglares*, Madrid: Espasa-Calpe (9ª ed.).

MIQUEL, J. (1990) *Historia del Derecho romano*, Barcelona: PPU.

MORERA, M. (1988) *Estructura semántica del sistema preposicional del español moderno y sus campos de usos*, Puerto del Rosario: Publicaciones del Excmo. Cabildo insular de Fuerteventura.

_(1991) «Pejerrey-ajova: ¿Un caso de sinonimia?», en *Las hablas canarias. Cuestiones de lexicología*, Puerto del Rosario: Excmo. Cabildo insular de Fuerteventura, pp.153-165.

_(1998) *Teoría preposicional y origen y evolución del sistema preposicional español*, Puerto del Rosario: Publicaciones del Excmo. Cabildo insular de Fuerteventura.

MORETTI, G. (1982) «Lessico giuridico e modello giudiziario nella favola fedriana», en *Maia*, XXXIV: pp. 227-240.

MURILLO RUBIERA, F. (1973) «Jueces, escribanos y letrados en el *Libro de buen amor*», en M. Criado de Val (ed.), *Actas del Primer Congreso Internacional sobre el Arcipreste de Hita*, Barcelona: SERESA, pp. 416-421.

NARDI, P. (1995) «Diritto civile e diritto canonico», en G. Cavallo, C. Leonardi, E. Menestò (eds.) *Lo spazio letterario del Medioevo*, Roma: Salerno, t. III, pp. 511-540.

Ordenamiento de Alcalá (1983) Valladolid: Lex Nova, (Facsímil de la edición de Ignacio Jordán y Miguel de Manuela, 1774).

PÉREZ MARTÍN, A. (1999) *El Derecho procesal del «ius commune» en España*, Murcia: Servicio de Publicaciones de la Universidad de Murcia.

POLAINO ORTEGA, L (1948) *El Derecho procesal en el Libro de buen amor*, Madrid: Universidad de Madrid.

RICO, F. (1980) *Historia y crítica de la literatura española. Edad Media*, Barcelona: Crítica, t. I, pp. 213-246.

_(1986) «*Por aver mantenencia*: el aristotelismo heterodoxo en el *Libro de buen amor*», en *Homenaje a José Antonio Maravall*, Madrid: Centro de Investigaciones Sociológicas, pp. 271-297.

_(1991) *Historia y crítica de la literatura española. Edad Media. Primer suplemento*, Barcelona: Crítica, t. I/1, pp. 177-208.

RODRÍGUEZ ADRADOS, F. (1985) *Historia de la fábula grecolatina*, Madrid: Universidad Complutense de Madrid, t. I y II.

_(1986) «Aportaciones al estudio de las fuentes de las fábulas del Arcipreste»,

en *Philologica hispaniensia in honorem M. Alvar*, Madrid: Gredos, t. III, pp. 459-474.

SPITZER, L. (1968), *Lingüística e historia literaria*, Madrid: Gredos (2ª ed.).

STEINER, G. (1998), *Presencias reales*, Barcelona: Destino.

TABARES PLASENCIA, E. (2004) «La tradición fabulística grecolatina en la literatura española medieval: Fedro y el Arcipreste de Hita. Estudio comparativo de la fábula del lobo, la zorra y el juez mono», en *Fortunatae. Revista canaria de Filología, Cultura y Humanidades clásicas*, 12 (2002), pp. 295- 319

TOMÁS Y VALIENTE, F. (1990) *Manual de Historia del Derecho español*, Madrid: Tecnos (4ª ed.).

TRUJILLO, R. (1970) *El campo semántico de la valoración intelectual en español,* La Laguna: Universidad de La Laguna.

TRUJILLO, R. (1996) *Principios de semántica textual*, Madrid: Arco/Libros.

VIEHWEG, T. (1964) *Tópica y jurisprudencia*, Madrid: Taurus.

WALSH, J. (1979-1980), «Juan Ruiz and the Mester of Clerezía: Lost Context and Lost Parody in the *Libro de buen amor*», en *Romance Philology*, 33, pp. 62-86.

ZAHAREAS, A. (1965) *The Art of Juan Ruiz, Archpriest of Hita*, Madrid: Estudios de literatura española.

ZUMTHOR, P. (1972) *Essai de poétique médiévale*, París: Seuil.

_(1989) *La letra y la voz de la "literatura" medieval*, Madrid: Cátedra.

Índice de términos

Remitimos, a menudo, a la primera entrada, cuando se trata de términos relacionados. Después de los números de páginas que siguen a un concepto importante, a veces, vienen detallados entre paréntesis los aspectos más interesantes considerados en nuestro estudio: